ANECDOTARIO COMENTADO DE SEMANA SANTA

ALBERTO SALAS SÁNCHEZ

Primera edición: diciembre de 2008
Edición corregida: mayo de 2026
© De los textos: Alberto Salas Sánchez
© Fotografía de la portada: Alberto Salas Sánchez
ISBN: 9781671516908
Sello: Independently published

*A los cofrades que en el pasado
aportaron su esfuerzo y entrega,
haciendo posible que la Semana Santa
y sus hermandades y cofradías
relumbren con la luz propia y brillo
con que lo hacen hoy en día.*

*A los que han recibido la preciosa
herencia de la tradición cristiana de
las cofradías y hoy luchan
valientemente por mantenerlas.*

ÍNDICE GENERAL

PRÓLOGO

¡Quién le iba a decir al bueno de Alberto que la primera anécdota de este libro la íbamos a protagonizar él y yo! Sí les cuento: el azar de la vida o, mejor dicho, nuestro "Jefe", que siempre y en todo momento dirige todos nuestros destinos, quiso que fuera especial la víspera de unos de esos días negros para algunos aprensivos como yo, como supone el día antes de que tu edad cambie de número; en mi caso, del 3 al 4. Sí en la víspera de mi 40 cumpleaños, a Alberto no se le ocurrió a otra persona más que a mí para que le prologara este libro que tienes entre tus manos. Y de corazón, os puedo asegurar que fue (espero que mi familia me permita esta confesión) mi mejor regalo de cumpleaños. Gracias, Alberto.

Los cofrades somos diferentes, ni peores ni mejores, ya digo, diferentes. Y en muchísimos casos les damos mucha importancia a las señales, o los signos. Y pienso que el encargo no fue casual. Nuestro "Jefe", o quizás su madre quiso que Alberto suavizara mi *sufrimiento* (cumplir años pesa), e hizo que me lo pasara en grande la noche del 20 de septiembre leyendo el borrador que Alberto me entregó esa misma tarde.

A mí, gran defensor de las hermandades, y que siempre las he visto como un magnífico medio para hacer que el pueblo llano no reniegue de Dios, y de alguna forma siga recordando que hace más de 2000 años un hombre entregó su vida por la humanidad, y que su bendita madre día a día vela por nosotros, me encanta que haya iniciativas como la de Alberto. Iniciativas que ayudan no solo para que siga existiendo el recuerdo, sino que con el ejemplo de muchos cofrades reflejados aquí aportemos lo que la Iglesia demanda día a día, y cada vez con más urgencia, de cada uno de nosotros.

Estoy seguro que de alguna manera te verás identificado con alguna de las personas aquí reflejadas, o con alguna de estas anécdotas, o probablemente hayas experimentado alguna experiencia parecida. A mí me ha ocurrido y, no solo eso, he recordado otras anécdotas que bien merecen ser contadas a Alberto para otras ediciones (tiempo no sé, pero ganas y cariño seguro que le sobran…).

Cuando leas el libro, notarás, a igual que lo he notado yo, el cariño que ha puesto el autor en esta obra, que, como él dice, tiene principalmente el objetivo de distraer al lector.

El objetivo principal seguro que lo ha cumplido, pero no debemos olvidar otros igual o más importantes, como por ejemplo el recordar a tanta buena gente, a tantas buenas personas que no están con nosotros, que sin duda están a la derecha de Dios y que tanto han hecho por nuestras hermandades. Solo por recordar a personas entrañables como Forito, doña Casilda Ampueros o Luis Jiménez, entre otros, bien merece la pena este libro.

Enhorabuena, Alberto, nuevamente has alcanzado otra meta, y enhorabuena, amigo lector porque, vas a pasar unos ratitos agradables conociendo algunas anécdotas de nuestra Semana Santa, que, sin valorar si es mejor o peor, nadie nos podrá rebatir que es la nuestra.

Ángel Martínez Sánchez

Cofrade

INTRODUCCIÓN

Cuando me propuse escribir este libro, que hoy llega a tus manos, me marqué una única pretensión: hacer disfrutar al lector. Y utilizo el término disfrutar en el más amplio de los sentidos posibles: deleitarse y sonreír con las anécdotas; recrearse con los personajes que en sus páginas aparecen; gozar del conocimiento de hechos inéditos e incluso emocionarse con la intrahistoria que rodea a los diversos aspectos de la Semana Santa.

Antes que nada, debo aclarar que este no es un libro de la historia de nuestras cofradías. La mayoría de los interesantísimos textos publicados en los últimos tiempos ahondan en un conocimiento profundo y académico de las historias de las hermandades y cofradías, estudios imprescindibles y precisos para su mayor comprensión. Este no es el caso, ya que se trata de un libro de intrahistorias, de sucedidos, de entrañables anécdotas acaecidas alrededor de nuestras cofradías, de personas que de una forma u otra se mueven en torno del inmenso y querido mundo cofrade, de acontecimientos simpáticos. Pero que en ningún caso alcanzarán la importancia suficiente como para llegar a formar parte de la Historia con mayúsculas. También, por qué no decirlo, incluye vivencias y recuerdos personales.

Por ello no he pretendido abrumar con datos, cifras, citas, y así he obviado en lo posible las referencias, las fuentes, las notas a pie de página, pues he intentado buscar una lectura ágil, amena y continuada por parte del lector. Esto no descarta que lo relatado esté sustentado y enmarcado en unos momentos, lugares y hechos concretos del devenir de las cofradías a lo largo del tiempo.

Cuando se publicó mi anterior libro "Cargadores de la Isla", con el subtítulo de "Historia, tradición y anécdotas", centrado en aquellos hombres que han llevado y llevan sobre sus hombros los cristos y vírgenes de la Semana Santa de San Fernando, me apercibí de que ciertos hechos o anécdotas relatados en el mismo se despachaban con un par de ligeros renglones. La premura de espacio o de oportunidad, merecía un tratamiento más completo, enmarcarlo en un entorno más detallado.

Trabajando en ello descubrí que las anécdotas no se limitaban únicamente a lo que había sido mi quehacer y afición en las Semanas

Santas de mi vida: todo lo que rodea el universo de los cargadores y capataces. Me di cuenta de que había mucho más. En un campo como el cofrade, observado desde mi prisma de cargador y capataz, casi de refilón, visto desde el interior del respiradero, aparecían otros relatos curiosos y divertidos. Pequeñas intrahistorias, y no por ello exentas de grandeza, de nuestras cofradías y de los cofrades que en ellas laboran. Existían muchas anécdotas y hechos que de una manera u otra pertenecían al mundo cofrade u orbitaban alrededor de él.

Personas y personajes que intemporalmente han formado parte del entramado social de la ciudad, dando vida y color a la misma. En unos casos deseándolo de una forma consciente y voluntaria, y en otros debido al destino, se han visto inmersos en las imperceptibles redes de las cofradías. Van a ir procesionando por sus páginas: hermanos mayores, cofrades, párrocos, toreros, músicos, capataces, cargadores, marinos, imagineros, escultores, tallistas, salineros, mariscadores, alcaldes, políticos…, y de estas personas y profesiones, sin ningún orden, a veces sin ningún tipo de relación entre ellos, a lo largo de veintiún capítulos, intento dar unas breves pinceladas desde diversos ángulos, pero siempre sobre el mismo tema origen del libro, siempre con el denominador común del anecdotario, un anecdotario comentado de nuestra querida Semana Santa.

A lo largo del texto he utilizado el léxico específico de la Semana Santa de San Fernando. Unos términos locales comprensibles para cualquier persona medianamente conocedora de ella. No obstante, si este libro cayera en manos cofrades de otra ciudad, no tendrá la menor dificultad para entender dichos términos. Se trata solo de mudar ciertas palabras de uso local por otras universalmente conocidas, tales como penitente por nazareno, pértiga por vara, cargadores por costaleros, palo por trabajadera, trepá por chicotá, almohada por costal, caídas por faldón o travesaño por zambrana.

He pretendido escribir un libro amable indiqué al principio: hacer disfrutar al lector. Si lo consigo, si ustedes con su benevolencia me conceden el aprobado, el tiempo empleado en ello me habrá valido la pena.

Alberto Salas Sánchez

AGRADECIMIENTOS

Agradecer a aquellas personas que vivieron o conocieron algunas de las anécdotas, sucedidos y hechos que se relatan a lo largo de estas páginas, y tuvieron la amabilidad de relatármelas.

A todos aquellos que de una forma directa o indirecta han hecho posible la confección de este libro, pues han sido numerosas las cofradías, asociaciones, instituciones, cofrades, cargadores y personas particulares que, con todo cariño y amabilidad, me han aportado datos y sucedidos relevantes.

Darles las gracias especialmente a los fotógrafos Juan José Romero Ruiz y Mariano Domínguez Morillo, que con las bellas instantáneas plasmadas por sus objetivos y lentes aportan luz e ilustración a estas páginas.

A las hermandades y cofradías que me han permitido hurgar en sus archivos en busca de algún dato o documento.

Alberto Salas Sánchez

RUIZ MIGUEL: TORERO Y COFRADE

En el año 1982, pletórico y con los éxitos que lo acompañaban en las corridas, Francisco Ruiz Miguel cosechaba trofeos en las mejores plazas. Se encontraba en la cúspide de su carrera profesional, con un elevado puesto en el escalafón de la torería, logrado por estoquear a las más peligrosas ganaderías. En sus actuaciones se ganaba el apelativo de valiente, el mayor galardón que puede obtenerse en la profesión.

La actividad taurina es consustancial al riesgo y las consecuencias de un escarceo continuo con la muerte, y los toreros siempre han buscado un lazo que los uniera a las cofradías. Una devoción a la imagen del Cristo o la Virgen de sus amores, buscando su protección y llevando su estampa allá donde torean. Montan un altar improvisado en la habitación del hotel donde se visten de luces y le rezan antes de ponerse delante del toro en solicitud de su ayuda.

Ruiz Miguel toreaba dos ganaderías que se han ganado el título por mérito propio: los Miuras y los Victorinos. Toros conocidos por su casta, tamaño, heridas y muertes ocasionadas a toreros y subalternos, y sobre todo por el peligro y la astucia que corre por su sangre de generación en generación. Tanto unos como otros salen a la plaza y provocan el recelo y el respeto de quien se pone delante de ellos.

Y si los toros dan cornadas, también son propias de algún que otro enorme paso de Semana Santa. Merecida fama tenía el antiguo y ya jubilado paso de la Vera-Cruz. Los cargadores antiguos, los que sacaban cofradías todos los días de la semana, le temían sobremanera al misterio del Miércoles Santo que salía de la Capilla del Cristo. Un paso construido en el Arsenal de la Carraca en 1943 por don Luis Rugero, mayordomo de la cofradía y de profesión carpintero de Marina. Los cargadores la apodaron *el Miura,* por el peligro que se corría trabajando bajo sus palos; sabían que podían salir malheridos de tan desigual encuentro, dadas las cornadas que propinaba en cada levantá.

El honor de la pertenencia de los toreros a una cofradía siempre le ha correspondido al Cristo de la Expiración, talla que realizó en el Arsenal de la Carraca José Tomás de Cirartegui. A la imagen en su agonía le acompaña en su salida procesional del Jueves Santo el palio de la Virgen de la Esperanza, conocida como la Esperanza del Silencio,

para diferenciarla de esa otra del barrio de la Pastora, receptora también de gran admiración y coronada canónicamente, como la Virgen de Gracia y Esperanza de la Hermandad del Huerto.

Rafael Ortega, apodado en los ambientes taurinos como el *As de Espadas* por su habilidad para finiquitar la faena con éxito, estuvo siempre muy unido a la Expiración. Un paralelismo que quizás proceda del existente entre el Cristo de la Salud, del sevillano barrio de San Bernardo, conocido con el sobrenombre de "los toreros", y el isleño de San Francisco. Ambas cofradías representan idéntico momento pasional de la muerte de Cristo en la cruz.

O tal vez la unión de Rafael Ortega con la Expiración fuera debida a la cercanía de su domicilio al templo de San Francisco, sede de dicha cofradía. El maestro Rafael Ortega vivía justo enfrente, separándolo únicamente los pocos metros de anchura de la calle Real. Pero incluso la lechería regentada por su madre se situaba al lado del templo y del desaparecido ultramarino "El Pino". Rafael vivió allí hasta que se marchó a Cádiz, aunque sin dejar de sentir el devenir diario de su antiguo barrio.

El manto de salida que estrenó alrededor de 1950 la Virgen de la Esperanza y que fue realizado por las artesanas manos de las monjas Clarisas de Jerez de la Frontera, no puede ser más torero. Se emplearon para la confección los bordados de varios trajes de luces, donados por Rafael Ortega, otros de Ruiz Miguel e incluso algún terno del torero chiclanero Emilio Oliva padre.

Francisco Ruiz Miguel, discípulo de Rafael Ortega, continuó con la relación iniciada por su maestro con la Expiración. Ambos toreros fueron nombrados "Mayordomo Honorario" de la Hermandad.

Ruiz Miguel, torero y cofrade, formaba parte todos los años de la presidencia de la procesión en su salida del Jueves Santo, pero no se contentó solamente con ello. Sintió curiosidad por aquellos jóvenes que trabajaban tras los respiraderos del paso, por lo que en 1982 decidió portar como cargador de promesa el palio de la Esperanza. La cuadrilla responsable del palio pertenecía a la Asociación "Jóvenes Cargadores Cofrades" (JCC). Fue por intermediación de Juan Manuel Abreu Ibáñez, *Mamé,* mayordomo de la Expiración y al mismo tiempo presidente de la JCC, con el que contactó Paco Ruiz Miguel.

El torero se encontraba en excelente forma física y fue tallado para asignarle su correspondiente lugar bajo las andas. Al no ser muy alto de estatura, figuró en el penúltimo palo, justo delante de la cola.

El día de la Estación de Penitencia, ante la sorpresa de la cuadrilla, que esperaba ansiosamente el momento de meterse debajo, Ruiz Miguel llegó con unos elegantes zapatos de calle en lugar de las cómodas zapatillas de deporte, como si fuera a dar un paseo en una soleada mañana de domingo por el centro de la ciudad. El maestro trabajó lo suyo bajo los palos, sudó lo indecible, arrimó el hombro como el que más, metió los riñones, en definitiva, luchó para que la virgen luciera especialmente.

Fue como debe irse en los palios, con empaque de torero, el cuerpo derecho, andando con elegancia, con el arte de quien está realizando el paseíllo en la Maestranza.

Después de seis horas de andar y mecer el paso, llegó a la puerta del templo. A los acordes de la Marcha Real, el palio entró en la castrense al filo de las tres de la madrugada, en una recogida vibrante. Cuando la virgen atravesó las jambas de la puerta y se cuadró en su sitio, el veterano y buen capataz Carlos Gago, que dirigía a la cuadrilla, tras toda la noche, ordenó con su característica y desgastada voz ronca:

> *—¡¡ Fondo por igual ¡¡*

> *—!!Desamarrar las almohadas y salirse¡¡*

Los cargadores, con el cuello enrojecido por el esfuerzo, obedecieron al capataz y salieron del palio levantando las verdes caídas. Todo eran abrazos y felicitaciones por lo bien que habían paseado a la Esperanza. Y entre ellos, un sudoroso y cansado Ruiz Miguel apareció como pudo de debajo del plateado paso.

—Paco, ¿cómo ha ido la cosa? —le preguntó cariñosamente un cargador que había ido toda la noche detrás de él.

El matador tiene en su haber el insuperable récord de haber toreado un centenar de corridas de Miuras y de haber salido airoso de difíciles trances; el valor no se le supone, sino que se constata fehacientemente. Con el reciente esfuerzo aún latente y reflejado en su rostro, se tomó un respiro y, con el sudor pegado al cuerpo, respondió:

—Mira, prefiero encerrarme con dos corridas de miuras antes que volver a meterme debajo de ningún paso.

Paco Ruiz Miguel cumplió su palabra y nunca más volvió a entrar bajo el paso de la Esperanza ni de ningún otro. Y es que, tanto para desempeñar el oficio de torero como para el de cargador, hay que echarle mucho, muchísimo corazón.

EL RUBIO DEL ACEITE, GRACEJO DE UN CAPATAZ GADITANO

Ciertas noticias que no aparecen en la prensa diaria, quizás merecieran los honores de ser resaltadas justamente en primera plana. Si leemos las crónicas de la prensa local o provincial cualquier día de Semana Santa, comprobaremos que relatan lo sucedido en las salidas procesionales, y nos enteraremos, de lo que tiene carácter oficial, de lo "políticamente correcto", como si se tratara de una guía de itinerarios, a mayor escala.

En esas páginas nos dan cuenta pormenorizada del número de penitentes que vistieron la túnica, las bandas de música, la espléndida tarde o, por el contrario, el viento reinante que deslució el cortejo. Similar a un documento oficial con toda su pompa y boato, pero con el alma fría, sin el calor de las anécdotas, de los hechos simpáticos y agradables, o simplemente de la siempre sabia actitud del pueblo ante el discurrir de la procesión en la calle.

Nos habría sorprendido leer en la prensa de Cádiz lo ocurrido al famoso capataz gaditano Manuel Merello, conocido con el apodo del Rubio del Aceite, que al frente de su cuadrilla de cargadores sacaba algunos de los pasos más señeros de la Semana Santa gaditana. Con físico corpulento y grueso, podría haber sido confundido en cualquier esquina con el actor Orson Welles haciendo turismo en la capital, y cuya "profesión" conocida por todos era la de reventa de entradas del Gran Teatro Falla. Un capataz tradicional, de la antigua escuela, que fue pasando por todos los estadios de la carga, forjado bajo los palos primero como cargador, después como manigueta, luego como ayudante de capataz, para finalmente ponerse en el frontal del paso dirigiéndolo.

En la madrugada del Viernes Santo de 1983, la Cofradía del Cristo del Perdón estrenaba un paso de grandes proporciones, descomunal y de los mayores de Cádiz. Tallado en madera oscura, poseía una extraordinaria calidad artística, al haber salido de los talleres sevillanos de Manuel Guzmán Bejarano, un pesado navío que se ve venir desde lejos.

Dos años después de su estreno, en 1985, el misterio se enriquece sobremanera, pues el creativo escultor e imaginero isleño Alfonso Berraquero talla a María Magdalena y a los dos ladrones que completan

dicho misterio. Representa el momento de la Pasión en que Jesús se encuentra clavado en la cruz, flanqueado por los dos ladrones, Dimas y Gestas, y a sus pies su Madre, San Juan y María Magdalena. La Cofradía del Perdón confía el martillo al capataz *El Rubio del Aceite* en la madrugada de Viernes Santo, para que ordene a sus hombres meterse a los palos y los dirija en esa especial noche.

A nadie debió ocurrírsele que aquella mole, que aquel grandísimo paso con el volumen recién añadido de las dos cruces que soportaban a los ladrones, pudiera tener algún problema a lo largo de su recorrido. Nadie se preocupó por comprobar el itinerario, ni medir calles, esquinas, anchuras ni balconadas.

A pesar de la dificultad que entrañan las angostas calles del casco antiguo por donde realiza su recorrido, el capataz efectuó su trabajo con finura y elegancia, como corresponde a quien conoce la carga y todos sus secretos. Exige mucho arte y conocimiento mandar semejante volumen de paso por las repletas calles, a pesar de la *leña* que da a los cargadores, valor añadido que es de esperar en toda andas que se precie.

El Rubio mandó a sus hombres "dar la vuelta" y entró en una calle estrecha, en forma de embudo, en la que el enorme paso quedó encajonado, prisionero entre paredes y balcones. A pesar del esfuerzo ímprobo de capataz y cargadores, no consiguió que continuara avanzando, pues las nuevas cruces de los ladrones tocaban los balcones, siendo imposible pasar entre ellos. Imagínense la escena: el paso detenido y encajonado, el público impacientándose, los cofrades del Perdón nerviosos por el incidente y el capataz con los brazos en jarras mirando la mole, pensativo sobre la mejor solución a aplicar en el complicado trance.

Inesperadamente, un espectador anónimo le reprocha en la cara al capataz lo que estaba ocurriendo, culpabilizándolo del desastre. *El Rubio del aceite* se dio directamente por aludido como responsable del encajonamiento, según aquel individuo, y se volvió lentamente al público que se había arremolinado alrededor del paso. Con una sola frase, en medio del silencio que lo llenaba todo, les dio una corta y directa explicación de lo que sucedía, contestando con esa ocurrencia y gracia innata del citado capataz.

–¡Joé!, ¿qué culpa tengo yo de que hayan hecho el paso más grande que la calle?

Ante la respuesta tan acertada, los espectadores rompieron en aplausos, dando apoyo y ánimo al genial *Rubio del Aceite*. El gracejo de un capataz gaditano, la frase y la anécdota, debieron de ser dignos del titular en la portada del Diario de Cádiz.

¿FAJÍN CELESTE O CORDÓN VERDE?

Si les digo que en la pila bautismal recibió el nombre de José Sánchez Piñero, tal vez la mayoría de los lectores, por la única precisión de este dato, no caigan en la cuenta del personaje de quien les voy a hablar a continuación. Se irán aproximando algo más a su averiguación si añado que perteneció siempre a la Cofradía del Cristo de la Expiración y María Santísima de la Esperanza, conocida como la del Silencio. Hombre de elevada altura física y con grave voz de barítono, ejerció su arte y dones musicales en la Schola Cantorum de San Fernando. Si a pesar de los datos anteriores no han sido capaces de identificarlo, acertarán con el personaje si les añado que se le conocía por el apelativo de Forito, y empleo el verbo en tiempo pasado, pues por desgracia ya no está con nosotros.

Soltero empedernido y sin remisión, vivía con sus hermanas en el mismo centro de San Fernando. A corta distancia de la plaza de la Iglesia y al final de la calle Rosario, bulliciosa y comercial por excelencia y que durante bastantes años mantuvo el honor de ser considerada la Carrera Oficial de la Semana Santa. Una oscura y empinada escalera ascendía al primer piso de una antigua vivienda con balcones clásicos que se asomaban descaradamente a la calle. Estaba situada encima de una conocida zapatería de la época, hoy desaparecida, y que ostentaba un nombre comercial tan llamativo y adecuado para ese tipo de establecimientos como "La Bota de Oro".

Forito formó parte durante bastantes años de la Junta de Gobierno de la Hermandad del Cristo de la Expiración en unos tiempos románticos y distintos a los presentes, ni mejores ni peores, simplemente diferentes. Unos tiempos pasados en los que los asuntos de las cofradías mantenían otro ritmo más pausado, sin tantas complicaciones, y se tomaba su labor con calma y comedimiento. Como si las prisas y la agitación contravinieran la esencia y el espíritu sosegado de la antigua cofradía del Silencio. Unas virtudes que habían venido fraguándose y depositándose en su alma durante más de dos siglos, podríamos decir que con paciencia franciscana, alternando, eso sí, épocas de brillante esplendor con otras de pura decadencia e incluso alguna de casi total desaparición.

En la segunda mitad del siglo XX, la actividad cofrade resultaba más campechana y simple, como de andar por casa. No existía el estado crítico constante con el que actualmente se observan y escudriñan las actuaciones y tomas de decisiones de las hermandades y cofradías. Alcanzan el extremo de que cualquier persona se cree versada y con derecho a opinar sobre diversos aspectos cofrades, aunque en el fondo se trate de un neófito desconocedor del tema.

La sencillez primaba en los miembros de las Juntas de Gobierno, que se reunían en sus lúgubres y húmedos almacenes, pues las casas de hermandad resultan un invento, mejora y lujo posterior, resultado de haciendas más saneadas. Y entre enseres, pasos cubiertos por lonas protectoras del polvo y la humedad, amarillentas cajas de zapatos conteniendo rancias túnicas, olor a naftalina y cirios de gasolina, se sentaban alrededor de una vetusta mesa para debatir los asuntos correspondientes al orden del día. Entre ellos sobresalía el punto más relevante, el referente a la salida procesional.

El almacén del Silencio mantenía un aspecto sórdido, como todos los de la época. Permanecía en semipenumbra y soledad casi todo el año, siguiendo el devenir puntual de las distintas estaciones. Abandonado en la galbana del caluroso verano, vegetando en otoño; desperezándose con los fríos de invierno y, a una señal determinada, la actividad se desbordaba con la inminente llegada de la primavera.

Con el inicio de la Cuaresma, lo que había sido paz y sosiego conventual de todo un año se transformaba de golpe en actividad frenética, movimientos imprevistos, idas y venidas, contratos de bandas y cargadores, limpieza de plata y enseres, preparación de cultos internos, postulaciones casa por casa y mil detalles a resolver. Y si surgían problemas de complicada resolución, debía acudirse a la certera respuesta que solo los mayordomos poseían, con su conocimiento ancestral de la hermandad.

En dicho almacén, a modo de sala improvisada, mantenían las reuniones de la Junta de Gobierno y, ya casi al final, cuando los asuntos tratados y los diálogos se ponían brumosos y espesos, *Forito* se levantaba de la incómoda silla de tijera, saliendo apresuradamente del lugar. Acompañado por un par de jóvenes vocales que, a una señal convenida, había rescatado del insufrible punto que se debatía, se dirigía, calle Santa

Ο ΝΑΖΩΡΑΙΟΣ Ο ΒΑΣΙΛΕΥΣ ΤΩΝ ΙΟΥΔΑΙΩΝ

Trinidad arriba, al cercano freidor de pescado de los hermanos Bey.

En el humeante local, se aprovisionaba de unos inmensos papelones de bienmesabe y chocos recién fritos. Luego recalaba por el bar "La Tienda Chica", aledaño al freidor y también desaparecido, donde compraban un par de botellas de vino de Chiclana, del barril del fondo, que era el bueno.

Con el acopio de comida y bebida, *Forito* y sus dos acólitos se incorporaban a la reunión de Junta, donde aún continuaban discutiéndose asuntos terminales. Ante la inesperada aparición del pescado frito y la frescura del chiclanero vino, daban por finalizada la reunión, por muy vitales que fuesen los asuntos pendientes. Y si se trataba de temas urgentes, aún más urgentes lo serían en la siguiente reunión. Lo único y verdaderamente urgente en ese momento consistía en que el pescado frito no se enfriara.

Cuentan que un año salió *Forito* de su casa la tarde del Jueves Santo para realizar la Estación de Penitencia con su cofradía en la presidencia del Cristo de la Expiración. En esa época, algunos miembros de la Junta solían tener en su casa la pértiga, o al menos *Forito* disponía de ella, distintivo de su cargo. La tomó en su mano derecha y bajó raudo la empinada escalera que conducía a la casapuerta. Al incorporarse a la calle, se topó de golpe con un penitente vestido como él, túnica, capirote, zapatos y calcetines de color negro, y mecánicamente lo siguió a buen ritmo. Y de esta manera, pensando en sus cosas, tanto en las humanas como en las divinas, a rebufo del penitente, llegó al templo, y se incorporó con su pértiga delante del paso, en la presidencia del mismo, como le correspondía por su cargo.

Cuando llevaba un tiempo allí, un hermano de la cofradía, entre las prisas y revuelos de los momentos previos a la salida procesional, se apercibió de que *Forito* no ceñía en su cintura el fajín azul, distintivo de la Hermandad de Nuestro Padre Jesús de la Misericordia, sino el verde cíngulo de la cofradía del Silencio. *Forito,* siguiendo fiel y despistadamente al penitente vestido de negro que se topara en la puerta de su casa, y al que había tomado como de su propia corporación, se confundió de templo y de procesión.

–¡Ah!, ¿pero esto no es San Francisco?

Ambas cofradías, Silencio y Misericordia, visten de manera

parecida: túnica, capirote, zapatos y calcetines negros, diferenciándose únicamente en el fajín azul de la Misericordia y el cordón verde de algodón trenzado de la Expiración. Un detalle del que no se percató *Forito* cuando siguió inconscientemente al penitente que creía le llevaría a su destino esa tarde de Jueves Santo.

Dándose cuenta de su fenomenal despiste, solo le restó pedir disculpas como tal caballero que era y dirigirse, ahora sí, más presto y rápido si cabe, a su querida cofradía del Silencio. Al llegar, ya había iniciado su procesionar, como había ocurrido año tras año desde la Iglesia Castrense de San Francisco.

Las cosas de *Forito*.

UN AS BAJO LA MANGA DE LA TÚNICA

Las injerencias del poder político en asuntos de cofradías se repetían con relativa frecuencia durante los años del régimen del general Franco, con una gran confusión y mezcla entre los asuntos religiosos y los políticos, en lo que se denominó el nacionalcatolicismo.

Con dicho criterio de intervención, a veces se llegaba al intento del "ordeno y mando" sobre las cofradías por parte de los dirigentes políticos municipales. A veces se alcanzaba el extremo de inmiscuirse en asuntos internos, pretendiendo incluso modificar el itinerario diseñado por alguna de ellas, con el pueril argumento y finalidad de dar un mayor esplendor a nuestra Semana Mayor. Algo cierto y sin duda no exento de buena voluntad por parte de las autoridades, pero si tales intromisiones en asuntos religiosos se produjeran hoy en día, nos sorprenderían sobremanera.

Ilustramos lo anterior con lo acontecido a la Hermandad del Cristo del Perdón en la Semana Santa de 1968. Como precepto obligatorio en la época, la citada cofradía remitió al alcalde los horarios e itinerarios para la salida procesional, solicitando la debida autorización de los mismos. Debemos hacer notar que en aquellos años, el montaje y gestión de la Tribuna de Autoridades, así como todo lo concerniente a la Carrera Oficial, correspondían en exclusiva al Ayuntamiento, que coordinaba y regulaba el horario de paso de las hermandades por ella. A tal fin, solicitaba las horas de entrada en la Carrera Oficial para, posteriormente, darlo a conocer a la prensa, autoridades civiles, militares y eclesiásticas, y a las propias cofradías para el perfecto desarrollo de la Semana Santa.

La Hermandad del Perdón, una vez remitidos los horarios e itinerarios a la Alcaldía, continuó con los preparativos propios de las vísperas de la salida procesional, en espera de la aprobación definitiva de su itinerario, algo que, en principio, se consideraba un asunto burocrático de mera rutina. La Junta de Gobierno se muestra estupefacta al recibir la notificación del Ayuntamiento y, en lugar de recibir la aprobación del itinerario, se encuentra sorprendida de que la Comisión de Fiestas haya estimado conveniente realizar algunas modificaciones sobre el recorrido presentado. En el escrito al hermano mayor, puntualiza lo siguiente:

Nadie duda de la buena fe y los nobles sentimientos con los que actuaban los dirigentes políticos, cuya finalidad no era otra que enaltecer y realzar el discurrir de las procesiones. El Ayuntamiento, sin recabar siquiera la opinión de la propia cofradía, estimó conveniente que la procesión alargara su recorrido, nada más y nada menos que desde la calle Maestro Portela (Ancha) hasta González Hontoria, una distancia considerable. Luego, bajando y suavizando un poco el tono de su orden, el alcalde ruega a la cofradía:

... la aceptación plena de la propuesta de la referida Comisión de Fiestas, que esta Alcaldía-presidencia hace suya, consiguiéndose con ello, si cabe, un mayor realce y esplendor de la Semana Santa Isleña...

Halagada la cofradía y endulzados los oídos de los cofrades del Perdón con la música celestial para mayor gloria de la Semana Santa Isleña, y dando por hecho que su petición se cumplirá a rajatabla, vuelve a insistir en el tono del "ordeno y mando" para continuar:

... a cuyo efecto, la salida quedará adelantada en media hora, esto es, a las 19,30 horas, haciendo el itinerario que al dorso se reseña.

En el impuesto itinerario y horario del dorso del escrito remitido a la hermandad figura lo que el Ayuntamiento ha estimado conveniente, ampliándole un recorrido que pasa por Colón, Calvo Sotelo (Carrera Oficial), González Hontoria, Constructora Naval, Colón, para retomar después el previsto inicialmente por la cofradía para el regreso a su templo. Se trata de un aumento de la distancia a recorrer de aproximadamente 850 metros.

Poco podía hacer la cofradía para refutar tales órdenes y evitar las presiones políticas, pero el buen cofrade siempre conserva un as bajo la

manga de la túnica. Y en este caso, lo empleó el hermano mayor, don Jesús Muñoz Jiménez-Pajarero. Como respuesta, le indica al alcalde que no será posible cumplir sus órdenes, ya que dicha ampliación de itinerario había sido intentada por la cofradía en el año 1965, tres años antes, incluso con un itinerario similar al propuesto ahora por la alcaldía. La prensa de la época informó de la causa de la imposibilidad de dicho itinerario:

"por no haber sido autorizada para ello, debido a la gran distancia que existe".

El intento de ampliación en 1965 fue efectivamente solicitado al Excmo. y Rvdmo. Sr. Obispo de la Diócesis para su estudio y aprobación, quien ofreció una escueta respuesta, aunque con un argumento contundente que nos puede hacer reflexionar hoy en día, decretando lo siguiente:

El verdadero Culto a los Titulares de las Cofradías no se incrementa alargando los itinerarios, al contrario, la excesiva duración de estos crea un evidente peligro para el orden y la religiosidad que deben presidir siempre los desfiles procesionales. Por lo tanto, no ha lugar lo solicitado.

Con la Iglesia hemos topado, lo que debe ser algo distinto a las hermandades y más difícil de manejar, debió pensar el alcalde, dando por cerrado su intento de intromisión para alargar el itinerario de la cofradía. Este se mantuvo invariable hasta que en 1983 llegó a la Carrera Oficial por primera vez. El as bajo la manga de la túnica del hermano mayor ganó la partida a los políticos municipales.

AFLIGIDOS POR TU AMARGURA

Versátil en todos los aspectos, José González García, conocido en el mundo cofrade como *Pepe el Mellao*, es un personaje único e irrepetible de la Semana Santa isleña, destacando de manera esencial en su triple faceta de capataz, cargador y compositor de marchas procesionales. Tres vertientes de su actividad cofrade que se complementan y retroalimentan de forma natural, transfiriéndose de unas a otras sensaciones, conocimientos y vivencias que, en su persona, resultan absolutamente inseparables.

La labor de portar los pasos resalta una serie de sentimientos íntimos y personales, que crecen con el esfuerzo físico y espiritual realizado. Virtudes como el compañerismo, el sacrificio, el afán de superación, la resistencia a la fatiga, las emociones, la entrega, los sentimientos, la religiosidad y la devoción... conceptos que Pepe, con su extraordinaria sensibilidad, ha sabido transponer al papel pautado en forma de marchas procesionales. Capaz de captar ese momento interior vivido en la penumbra de las andas para exteriorizarlo posteriormente en forma de música, de marcha procesional, y transmitir dichas sensaciones y sentimientos a todo aquel que escuche sus composiciones.

El ritmo musical de Pepe no se queda solo en el acto de escuchar, sufrir y disfrutar como cargador. Alcanza la cúspide de forma especial cuando ordena a la cuadrilla efectuar los mecíos al paso, llevando la voz de mando de la cuadrilla, como si dirigiera a los componentes de una excelente orquesta.

Esta doble actividad, cargadora y musical, ha dado origen a multitud de marchas procesionales, destacando especialmente la titulada "A mi capataz". La escribió en 1992, en memoria de Juan Manuel Guillén, *el Milupa*, cofrade y capataz durante muchos años de la Virgen de los Dolores, de la Hermandad del Nazareno. Una composición que emociona especialmente a quienes aprecian el buen trabajo desarrollado por capataces y cargadores.

Pepe y yo coincidimos por primera vez en el año 1982, y posteriormente trabajamos en muchas ocasiones hombro con hombro. Compartimos sudor, esfuerzo, bromas, disfrute, sentimientos, amistad y, dadas nuestras alturas físicas respectivas, fuimos en la banda

izquierda de la cola de numerosos pasos. Y todo lo vivido juntos une mucho, une de por vida. Cargamos en la Virgen de las Lágrimas, Caridad, Esperanza del Silencio… Sería aventurado escoger, pero los mejores recuerdos y vivencias, ya desde la añoranza y nostalgia personal, se los llevan las luminosas y esperadas tardes de los Lunes Santos en la Parroquia del Cristo. Empezábamos en la reunión de la merienda antes de la salida del Misterio de los Afligidos y finalizábamos con su recogida.

Íbamos en el antiguo y dorado paso de los Estudiantes, que aglutinaba una cuadrilla íntima, compenetrada, experta, veterana y sabia. A decir de algunos, la mejor que se ha paseado en San Fernando en los últimos tiempos. El paso lo despedimos con tristeza al embarcarlo en un camión con destino a la Hermandad del Prendimiento de Cádiz, cofradía donde actualmente procesiona debidamente reformada su mesa y palos. Luego, cargamos en la joya que tienen por paso, de estilo neobarroco y diseño y talla del artista sevillano Antonio Martín.

En el año 1992, de regreso a su templo y en busca de la recogida, la cofradía circundaba la plaza del Cristo Viejo, y pasaba por delante de la Capilla del Cristo de la Vera-Cruz. A pocos metros, desde el centro de la plaza, el Cristo de bronce, réplica del titular que procesiona el Miércoles Santo, observaba cuanto acontecía a su alrededor.

Justo íbamos a dar la vuelta delante de la capilla cuando el director de la banda indicó a sus músicos la siguiente partitura. Los redobles de los tambores avisaron de la inminencia de una marcha procesional, que yo llevaría. Uno nunca conocía lo que interpretarían, ya que en esos años no se informaba a la gente de abajo, por lo que siempre era una sorpresa. Me gustaba comenzar a mecer justo cuando los músicos arrancaban el primer compás. Algo similar a ponerse a puerta gayola, sin saber qué aparecerá por aquella puerta. A veces tocaban una marcha alegre y vibrante como "Virgen de las Aguas" o "Estrella Sublime". En otros casos, música más fúnebre y solemne como "Soledad Franciscana" o "Mater Mea". Y en ocasiones, el ánimo de la cuadrilla se enardecía con "Pasan los Campanilleros". Cuando el responsable de la voz detenía el paso para mecerlo, se oía el característico ¡Quieto!

Plantado con los pies en el suelo y el compás abierto, el paso se

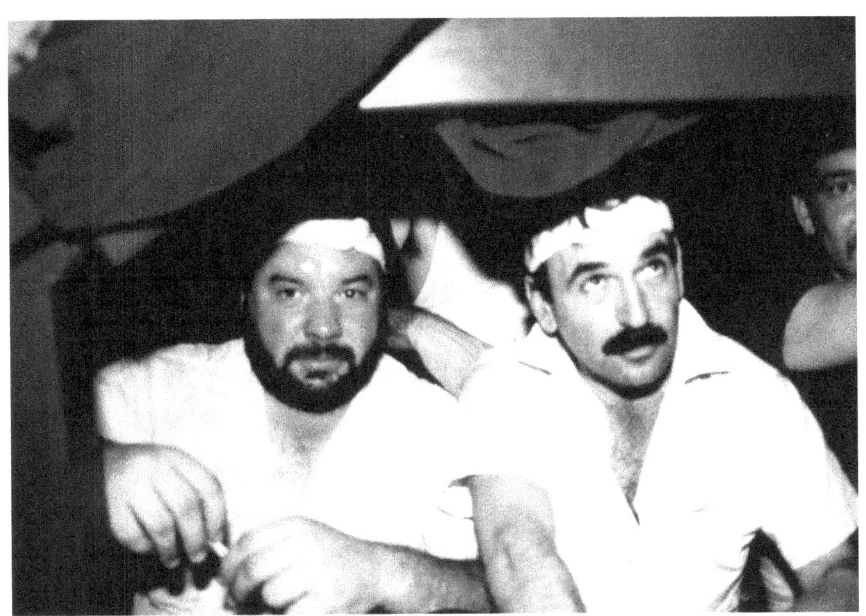

equilibró con la sensibilidad del compás adecuado, y se meció en el primer aire al ritmo a la marcha.

La interpretación de la banda me pareció excesivamente triste, fúnebre en demasía; no la había oído nunca. Desconocía la música y su autoría. Unos acordes que, para mi limitado gusto musical, no me llegaban. Yo esperaba una marcha alegre, que permitiera recrearse a la cuadrilla en la cercanía de su recogida.

Aclaro que la anécdota que relato a continuación se debe más a mi falta de aprecio musical que realmente al verdadero valor de la marcha y que, en ese momento, fui incapaz de valorar como debiera. Yo valoré el extraordinario conocimiento musical del *Mella* en temas de Semana Santa y, abusando de su amistad, lo empleé de asesor musical. Le pregunté el título de la marcha, su duración, autor y demás pormenores de la misma.

Salí del trance de mandar la marcha como pude, ligando los mecíos con la música, y comentando a los compañeros de alrededor:

—¡¡Quieto otra vez el paso!!
—¡Valiente marcha están tocando! ¡Vámonos!

Y así continuaba ganando terreno; pasamos por delante de la capilla hasta dejarla atrás, aunque deseando que la marcha concluyera. Volvía a detener las andas con otro mecío y murmuraba por lo bajini:

–¡*Vaya marchita que me ha tocado*¡

Cuando acabó la misma, el experimentado capataz Dominico Guillén ordenó detener el paso y hacer fondo. Como de costumbre, nos sentamos en el travesaño trasero a descansar los cortos minutos de respiro antes de la siguiente levantá. Como había hecho en otras ocasiones, intenté que *Pepe el Mellao* actuara de asesor musical, y le pregunté con un cierto deje de decepción:

–*Pepe, ¿de quién es esta marchita, hijo?*

Hasta ese instante, Pepe había venido oyendo mis quejas y los comentarios no muy favorables de la tal marcha, haciendo oídos sordos a mis nulos elogios. Ante la pregunta formulada, me miró fijamente, con la cara roja por el esfuerzo y enmarcada por el blanco pañuelo empapado de sudor, sonrió abiertamente, mostrando sin vergüenza alguna la mella que le otorga el apodo, me puso la mano en la pierna, me la apretó cariñosamente, y, como el que no quiere la cosa, me contestó en un reposado tono:

–*Zaragoza, la marcha está escrita por mí y su título es "Afligidos por tu Amargura".*

En ese momento, Alberto Salas, Zaragoza, quiso que la tierra se lo tragara.

HERMANDADES DÍSCOLAS

Históricamente, en San Fernando, las hermandades siempre han solicitado al Ayuntamiento la concesión de una subvención o ayuda económica para hacer frente a los elevados gastos originados por la salida procesional. En escritos dirigidos al alcalde a lo largo del tiempo por los respectivos hermanos mayores o secretarios, se alegaban distintas y variadas razones para recibir dichas ayudas. A veces, más que razones, consistían en argumentos sobreañadidos y sabidos para reclamar con más fuerza dichos fondos. A pesar de que estos normalmente estaban previstos de antemano por el Consistorio y, en la mayoría de los casos, no representaban más que un puro trámite burocrático, justificativo y recordatorio.

Valga como ejemplo la solicitud que en 1905 elevó a la Municipalidad Manuel G. Martín, secretario de la Hermandad del Santísimo Cristo de la Expiración:

Que no contando la referida Hermandad con fondos suficientes para poder sacar en el próximo Jueves Santo procesionalmente a su Amantísimo Titular y teniendo en cuenta que en el presupuesto vigente hay cantidades consignadas para poder ayudar a los gastos que estos cultos religiosos requieren, a V.E. suplica, que en vista de que en el presente año no se expone al culto externo más cofradía que la mencionada, solicita del Excmo. Cuerpo Capitular que en vez de una subvención que le está asignada, tome en consideración y acuerde se le conceda graciosamente otra más para poder atender a los crecidos gastos que se originan sacando a la veneración pública la efigie que deja expresada, beneficio que alcanza a más de 70 obreros que en ese día pueden llevar pan a sus casas, y a más los industriales que expenden sus artículos.

El Ayuntamiento, en un escrito posterior, accedió a la petición de doblar la subvención. Lo curioso de este asunto radica en los argumentos empleados por la hermandad: ser la única cofradía que procesionó en aquel año de 1905. Como consecuencia de ello, se alegaban los beneficios sociales y económicos que recibirían los obreros que, de manera esporádica, ejercían distintos oficios en torno a la cofradía, suponiendo que los más directamente afectados serían los cargadores del paso. Tampoco sería descartable —habida cuenta del año al que nos referimos— que en la procesión participaran penitentes asalariados, aquellos que vestían la túnica a cambio de un jornal y cuyo comportamiento en la vía pública, al parecer, dejaba mucho que desear.

Esta costumbre perdura aún en el tiempo y el Ayuntamiento continúa subvencionando directamente a las cofradías por los cultos externos que realizan.

El año 1950 supuso un punto de inflexión en los procedimientos administrativos empleados hasta el momento, como fue la canalización y centralización de todos los asuntos referentes a las salidas de las cofradías hacia un único órgano designado por el Ayuntamiento. Así, la Excelentísima Corporación Municipal Permanente, en sesión celebrada el 8 de febrero de dicho año 1950, decidió que sería la "Comisión de Fiestas" del Ayuntamiento la que llevaría la iniciativa en todos los asuntos concernientes a los cultos externos que se celebren en honor de los titulares de las distintas hermandades y cofradías, siempre de la forma que mejor convenga al mayor realce y esplendor. Dicha decisión se comunicó a todos los hermanos mayores de las distintas cofradías para que se pusieran en contacto con la citada Comisión y, muy especialmente, con el teniente de alcalde delegado de Fiestas, pues como tal fiesta era considerada a efectos municipales. En una Semana Santa aún humilde, cuyo engrandecimiento y brillantez avanzaban de forma paralela al desarrollo de la ciudad, el Ayuntamiento creyó tener no solo el derecho, sino también la obligación moral y material de imponer sus criterios en beneficio del interés general de la población, incluso en el ámbito religioso, aun a costa de entrometerse en asuntos concernientes en exclusiva a las cofradías.

Al mismo tiempo, la "Comisión de Fiestas" también hace partícipe a la "Sociedad de Fomento y Defensa de San Fernando", delegando en ella determinados temas relacionados con las cofradías. Esto originó, en su inicio, complicaciones al no estar clarificada la relación de dicha Sociedad con las cofradías, siendo solicitada en este sentido por la Hermandad de la Vera-Cruz una aclaración e información más nítida al Ayuntamiento. La respuesta fue que "se autorizó a la Sociedad de Fomento y Defensa de San Fernando para fijar la cantidad que debiera asignarse a cada hermandad de los fondos pro-fomento que administra este municipio". Se añade además que, "cumplida esta misión concreta, ninguna otra intervención tiene la citada Sociedad, salvo las sugerencias que, en este como en otro cualquier asunto, puede proponer a la Comisión de Fiestas para su estudio..."

Por supuesto, que estas ayudas del poder político a las cofradías a veces no resultaban gratis del todo. En determinadas ocasiones, se intentó algún tipo de contraprestación, y como resultado, se produjeron injerencias y exigencias por parte de dichos políticos, en concreto, de alcaldes y concejales, en las actividades de los cultos externos de las cofradías.

La época más propicia para este tipo de hechos la representó la posguerra española, lo que se denominó el nacionalcatolicismo, donde la influencia del Estado y de la Iglesia era mutua y recíproca, admitida abiertamente por ambos estamentos, y que se retroalimentaba con cada acto que se realizaba, bien fuera de carácter civil, militar o religioso.

La elevada posición del poder municipal, personalizado en las figuras del alcalde y concejales, fue utilizada en ocasiones para influir en determinados aspectos de la vida cofrade que se podían considerar internos de dichas asociaciones religiosas. Si la respuesta obtenida no era la esperada, se podía llegar a presionar a la cofradía díscola por no asumir las directrices políticas, llegándose incluso, en casos extremos, a penalizarla económicamente.

Un ejemplo de lo anterior acaeció en la Semana Santa del año 1950, mostrándose la Corporación Municipal disconforme y molesta con la actitud de algunas cofradías por una cuestión de protocolo en la celebración de sus cultos externos.

El procedimiento utilizado por el Ayuntamiento para participar en las procesiones y ser representado en las mismas seguía las siguientes pautas: antes del inicio de la Semana Santa, los concejales recibían un escrito del alcalde notificándoles su designación para ostentar la Presidencia Oficial de una determinada cofradía. En dicho documento constaba el itinerario de la cofradía, la hora de salida y el tramo que debían recorrer los designados, ya que el itinerario completo se lo repartían entre tres concejales.

Desde su fundación en 1945, la Hermandad de Nuestro Padre Jesús

Cautivo y Rescatado, vulgo de Medinaceli, procesionaba el Domingo de Ramos, y así lo hizo el 2 de abril de 1950. Momentos antes de la salida procesional, el concejal que ostentaba la representación del alcalde en el primer tramo fue situado detrás del paso del Cristo de Medinaceli. Dicha ubicación no fue del agrado del edil, quien se mostró molesto y contrariado al considerar que debía ocupar un lugar preeminente en la presidencia de la procesión, delante del Cristo, y no detrás del mismo, posición que la autoridad política interpretó como de inferior relevancia.

Al día siguiente de la salida de la cofradía, es decir, el Lunes Santo 3 de abril, con una prontitud inusual, la Hermandad de Medinaceli recibe un escrito amenazante y bastante duro del alcalde, en el que se refiere al incidente ocurrido la tarde anterior:

Dada cuenta a esta Alcaldía por el teniente de Alcalde… que no pudo desempeñar la comisión que tenía encomendada de representar a mi Autoridad en el desfile procesional de esa Hermandad por no haberle colocado en el lugar que a tal corresponde, le dirijo el presente para expresarle el pesar que tal hecho producirá en la Corporación que presido, y de lo que tendrá conocimiento.

El no haber situado al representante municipal pudo haber acarreado mayores consecuencias, llegando incluso al punto crucial de la prohibición de la salida en instantes previos a la misma, posibilidad que estuvo en la mente de los dirigentes políticos, aunque no llegó a ocurrir, quizás para evitar conflictos posteriores con la Iglesia:

Por esto último, debe quedar enterada esa Hermandad que el cariño y defensa de las tradicionales festividades religiosas de esta Ciudad, que el pueblo admira, son las causas únicas que determinan el que por mi Autoridad no se haya revocado la autorización de la salida procesional en el mismo momento de su salida.

Posteriormente, el día 10 de abril, una semana más tarde, se remite un segundo escrito a la hermandad, aún más explícito sobre el mismo tema, requiriendo de manera imperativa que se le comuniquen:

… motivos a los que obedece el no colocar a la Autoridad en el

lugar preeminente de la presidencia, en compañía del Hermano Mayor que invita....

En la Semana Santa de 1950 no fue la Hermandad de Medinaceli la única que incumplió el protocolo que el Ayuntamiento esperaba de las cofradías hacia sus representantes. Así, el 5 de abril, Miércoles Santo, en pleno ecuador de la Semana Santa, y como muestra del malestar y la contrariedad generados, la Excma. Comisión Municipal Permanente abordó y aprobó un punto del orden del día expresamente dedicado a esta cuestión protocolaria, en el que se hacía referencia, en plural, a «las actitudes de algunas cofradías».

Los representantes de la Alcaldía en las citadas procesiones no solo no admitieron que no se les colocara en lugar preeminente, sino que, además, optaron por abandonarla y retirarse, al sentirse ultrajados por el trato recibido en el protocolo. El agravio que habían creído sufrir los munícipes tampoco quedó únicamente en dicho enfado y posterior abandono del cortejo, sino que, conscientes de su poder, al menos político y económico, que no religioso, hicieron uso de su fuerza de la manera que creyeron más oportuna. Y fue donde generalmente más daño se produce a las cofradías: en su tesorería, máxime en unos años de penuria en los que los cofrades debían realizar verdaderos esfuerzos dinerarios para cubrir los gastos de la salida procesional:

... y en su consecuencia se acordó igualmente que en los casos en que ello ha ocurrido y provocó la retirada de la Autoridad, suspender toda ayuda económica a dichas cofradías y que ésta se aplique a otros fines religiosos benéficos que el Sr. Alcalde determine.

En otro escrito interno de la Alcaldía, se da conocimiento al Interventor de los Fondos Municipales sobre la sanción aprobada, y al mismo tiempo, se desvela a aquellas cofradías díscolas:

... que las dos cofradías a que se refiere el acuerdo de retirarle toda ayuda económica son la de Jesús Cautivo (Vulgo Medinaceli) y la de los Afligidos (Vulgo de los Estudiantes).

En 1950, las subvenciones del Ayuntamiento a las cofradías variaban en función de sus gastos, tomándose como parámetro para medir dicha contribución el número de pasos que realizaban los cultos externos. Así,

a las hermandades de Medinaceli y Afligidos, que procesionaban con un solo paso, les habrían correspondido inicialmente 800 pesetas a cada una, pero con la decisión municipal no llegaron a cobrarlas.

El asunto tampoco quedó en la mera queja y retirada de la ayuda económica. Subiendo un poco más el tono, las cofradías que fueron sancionadas sufrieron una amonestación por escrito, en forma de oficio, firmada personalmente por el alcalde.

... le comunico que ello, sin perjuicio de lo que acuerde la Corporación, se interpreta por esta Alcaldía como una lamentable incorrección, teniendo en cuenta la ayuda y atenciones que siempre se le dispensaron.

Consta que el hermano mayor de Medinaceli, Francisco Reula, contesta al alcalde en escrito fechado el 24 de abril, alegando que tan solo se cumplió lo preceptuado y obligado en los Estatutos de la hermandad, aprobados por el señor Obispo de la Diócesis. Por tanto, entendía que no existía tal falta, rogándole encarecidamente que meditara sobre el particular al cumplirse con lo previsto en dichos Estatutos. Además, le recuerda que en años anteriores el representante de la Autoridad se colocaba detrás del paso, lugar considerado de preeminencia por la hermandad, y que nunca se objetó nada por ello.

...siempre fue la Autoridad en el mismo lugar que se le asignó, lugar que consideramos de preeminencia, pues solo se nos permite que vaya delante del Titular los Hermanos encapuchados, y así es tradicional y costumbre en esta Esclavitud....

La Hermandad de los Afligidos también envió un escrito al alcalde para que se analizara el incidente, aunque la Corporación desestimó deliberar sobre tan enojoso asunto. Alegó que ya había sido tratado anteriormente, aunque recalcando su voluntad de lamentar muy de veras y de retirar cualquier palabra o frase que hubiera podido interpretarse como molesta para los cofrades y, aún menos, para dicha hermandad.

Y con ello, se puso punto final, dándose por zanjado el farragoso asunto del protocolo y el presunto desprecio a la autoridad. Nos queda la siguiente duda: ¿qué ocurrió con el dinero que hubiera correspondido a ambas cofradías? Como se indicó anteriormente, debería ser destinado a los fines religiosos benéficos que el alcalde considerase oportunos, y la concreta decisión fue hacérselo llegar a los señores curas párrocos de San Pedro y San Pablo y de la del Santo Cristo, a fin de que sufragaran los gastos ocasionados por los cultos internos dedicados a los titulares de ambas hermandades. En caso de que existiera sobrante de dicha subvención, los señores párrocos podrían aplicarlo en gastos parroquiales o como libremente estimaran.

Cualquier cosa menos que los fondos llegaran a las arcas de las cofradías implicadas y pudieran ser empleados por las hermandades díscolas.

EL MAYORDOMO Y EL CABLE

Con toda certeza, podemos afirmar que San Fernando no solo es una ciudad autosuficiente en cuanto a las cuadrillas de cargadores que portan los pasos de Semana Santa, sino que incluso aseveramos que es excedentaria en este aspecto. Goza de una salud excelente en el sacrificado campo de los hombres que hacen su trabajo bajo los cristos y las vírgenes, y ofrecen su esfuerzo para llegar a la recogida con la satisfacción del deber cumplido.

Los pasos se cargan por tradición, devoción o afición, predominando en bastantes casos las tres razones anteriores. Algo difícil de deslindar al entrar en el ámbito de la intimidad personal, pues cada cual posee motivaciones distintas para trabajar bajo los palos.

Históricamente, nunca fue necesario que cuadrillas de otros lugares se desplazaran a la Isla para realizar tal menester, algo de lo que no pueden presumir muchas ciudades andaluzas. Baste tomar en consideración dos localidades de nuestro entorno provincial, como son la propia capital o Jerez de la Frontera, importantes feudos desde el punto de vista cofrade.

A las cuadrillas antiguas nos gusta denominarlas cuadrillas tradicionales y no profesionales, término este último que nos resistimos a utilizar por distintas razones de peso, pero sobre todo por la connotación y carácter despectivo que se le ha atribuido en bastantes ocasiones, llegando a tildar a estos hombres casi de mercenarios por el único motivo de recibir una cantidad económica por su dura labor, y obviando otros aspectos intrínsecos de la carga, como la devoción, la fe o el respeto a las imágenes que llevaban sobre sus hombros.

El apellido de profesionales se aplicó exclusivamente a partir del surgimiento de las primeras cuadrillas de hermanos y asociaciones de cargadores, y no antes, con la finalidad de diferenciarlas de estas. Aproximadamente hasta 1975 se las venía denominando cuadrillas de cargadores, y es a partir de entonces cuando se les aplicó lo de profesionales. Pues bien, desde tiempos inmemoriales, estas cuadrillas contaron siempre con el suficiente número de hombres, tanto en cantidad como en calidad, para portar los pasos que fueron incorporándose progresivamente a lo largo del tiempo, conformando el panorama cofrade actual.

Y cuando se inició el declive y el número de tradicionales empezó a escasear en la década de los años 1970, fueron surgiendo otros movimientos alternativos que, adoptando siempre el característico estilo de carga de la Isla, fueron supliendo progresivamente a las citadas cuadrillas hasta que llegaron a su total desaparición. Y aquí podemos reseñar no solo a las cuadrillas de hermanos creadas por las propias cofradías, sino también a las asociaciones de cargadores, cuya finalidad primera y fundamental consistía en colaborar desinteresadamente con las cofradías que se lo solicitaran.

Las cuadrillas de nuevo cuño toman el relevo histórico de una tradición de muchos años, anteriormente reservada, en régimen de monopolio, a esos esforzados hombres que, alrededor de un capataz y por un escaso jornal, sacaban hasta siete pasos en una semana. Ello, sin contar el esfuerzo sobreañadido de las faenas mañaneras de llevar las desnudas mesas de los pasos desde el almacén a la iglesia, o devolverlas de nuevo al almacén una vez realizada la salida procesional, a fin de dejar expeditos los templos.

Discusión aparte merecen las causas de la desaparición de las antiguas cuadrillas, un asunto complejo y no exento de polémica, según las distintas opiniones existentes, pues en este ámbito —como en tantos otros de la vida— conviven defensores y detractores. Más aún en este campo concreto, cargado de sentimientos intensos y, en ocasiones, encontrados, lo que dificulta notablemente alcanzar un punto de equilibrio. La cuestión recuerda a la consabida pregunta sobre qué fue primero, si la gallina o el huevo. Algo similar ocurre aquí: ¿surgieron las cuadrillas de hermanos y las asociaciones de cargadores como consecuencia del declive de las antiguas?, o, por el contrario, ¿comenzó dicho declive precisamente a raíz de la aparición de las nuevas? Lo verdaderamente cierto e indiscutible es que las cuadrillas tradicionales hoy en día no existen, han desaparecido del actual panorama de la carga. Pero debemos dejar el tema y la discusión para otro momento más oportuno, toda vez que no es objeto del presente libro analizar tal situación y sus motivos.

Sí, por el contrario, considerar que se ha mantenido la forma autóctona de cargar los pasos, con su estilo propio, sin interferencias de formas foráneas, tal como ha ocurrido en otras ciudades y pueblos de la geografía andaluza. Como decíamos antes, cuadrillas de otros lugares han acudido en ayuda de las cofradías locales para que sus pasos pudieran salir procesionalmente. Tal es el caso, y tomaremos un ejemplo de la provincia de Cádiz, de la populosa Jerez de la Frontera, ciudad con una extraordinaria Semana Santa, en donde costaleros sevillanos se desplazaban a la ciudad del vino desde, al menos, principios del siglo XX. Ello marcó una impronta e hizo tradicional, a partir de entonces, el trabajo con costal, aunque convive al mismo tiempo con otros estilos autóctonos existentes: "cargados a un hombro con horquillas" y con "molía".

Es de justicia hacer la salvedad de que el paso de la Divina Pastora de las Almas fue el primero en ser llevado por costaleros en San Fernando. Se trata de una procesión de gloria que recorre las calles en las veraniegas tardes del 15 de agosto, festividad de la Asunción, y que desde 1993 es portada por su propia cuadrilla de hermanos utilizando el costal, tras una decisión adoptada por la Junta de Gobierno en diciembre de 1992.

Los cargadores de la Isla, además de hacer su trabajo con toda dignidad en su ciudad, también han acudido a localidades cercanas de la provincia e incluso a otras capitales andaluzas para cubrir esa falta de cuadrillas para sacar los pasos. Tal circunstancia originó, en algún momento, determinados problemas puntuales debido a la disposición de igual que en Sevilla o en aquellas localidades que trabajan al estilo costalero, ellos dirían de costero a costero.

En el año 1973, fue contratada la cuadrilla de Nicolás Carrillo en Cádiz para llevar los pasos de la Hermandad del Santísimo Cristo de las Aguas y Nuestra Señora de la Luz, y se hizo necesario que, en la misma mañana de la salida procesional, un grupo de carpinteros tuviera que cambiar, a toda prisa y en un corto espacio de seis o siete horas, el sentido de los palos de longitudinal a transversal para que los de la Isla pudieran desempeñar su oficio. Lo mismo ocurrió, aunque sin tantos agobios, cuando la cuadrilla de "Amigos de Gracia y Esperanza", dirigida por los capataces Juan Grosso y Francisco Vidal, empezó a sacar los pasos en el marinero pueblo de Barbate.

En la relación de cuadrillas que acudieron a otros pueblos, enumeramos a los capataces tradicionales Nicolás Carrillo, que hizo su

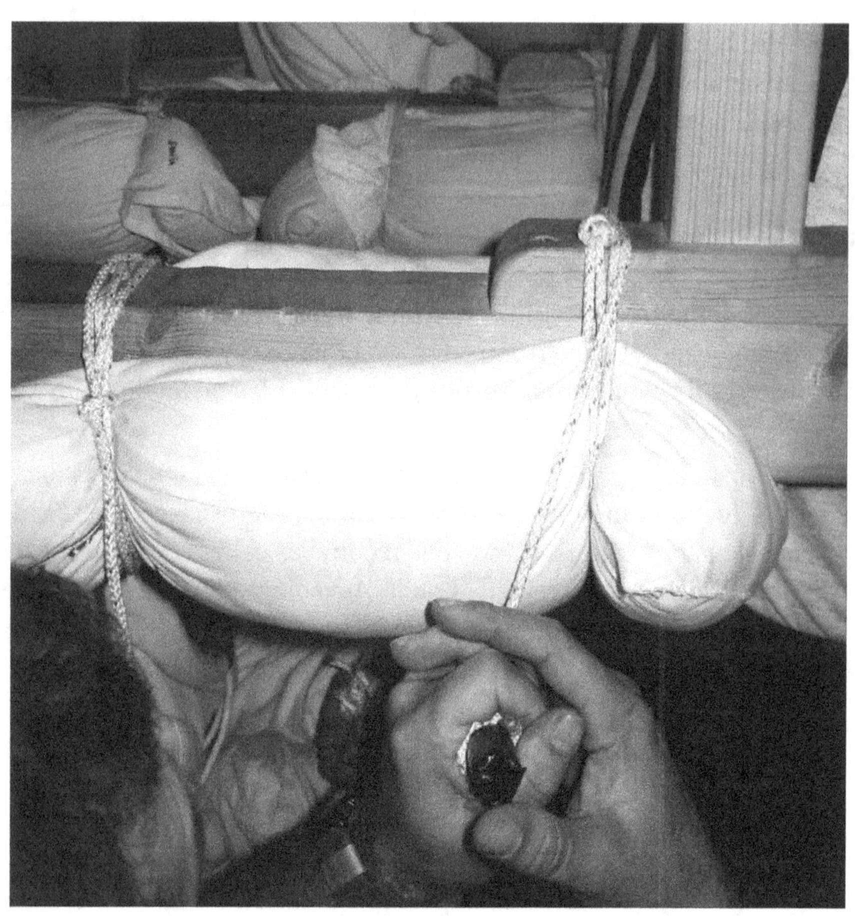

trabajo en Cádiz, Barbate, Conil y Chiclana; la cuadrilla de Perico Sánchez, en Chiclana, Puerto Real y Barbate. Más recientemente, la cuadrilla de "Virgen de Gracia y Esperanza" acudió a Almería y a Barbate, o la asociación de cargadores "La Cuadrilla", que acudió a Algeciras.

Seguramente una de las más curiosas, la protagonizó un grupo de cargadores que se desplazaron a Conil de la Frontera bajo el mando de Juan Manuel Abreu Ibáñez, *Mamé*, siendo la mayoría miembros de la asociación "Jóvenes Cargadores Cofrades", aunque iban por libre, sin la cobertura de dicha asociación.

Debió ser un Miércoles Santo del año 1990, día de salida de la Hermandad del Santo Cristo de la Buena Muerte y Nuestra Señora de la Amargura, de la Parroquia de Santa Catalina. El primer paso lo portaron cargadores de San Fernando, siendo el titular de la cofradía un Crucificado. Todo se desarrollaba en completa normalidad, hasta que, a mitad de itinerario, el capataz se topó con un cable demasiado bajo que impedía el avance de la cuadrilla.

El capataz intentó diversas maneras de sortear el imprevisto obstáculo para continuar la Estación de Penitencia y, para ello, comenzó a maniobrar. Ordenó "agachar los cuerpos" para que el paso perdiera altura y no lo consiguió. Luego, envió "todo el paso por igual a la derecha", desplazándolo hacia aquel lugar, puesto que parecía que allí el cable tenía más altura, pero tampoco consiguió el objetivo de sortear el cable. Desesperado, tras varios intentos y sin encontrar una solución válida, el capataz detuvo las andas y consultó con el mayordomo de la cofradía la posible salida al incidente.

El mayordomo, que había observado a cierta distancia y sin inmutarse los tremendos esfuerzos del capataz y su gente por superar el complicado trance. Aparentemente, parecía estar absorto, ignorando lo que ocurría delante de él. Ante la consulta del capataz, respondió:

–Tú levanta el paso y sigue p'alante, sin preocuparte.

–¿Cómo va a ser eso posible? Si el cable me impide andar y no hay manera de seguir adelante –respondió el capataz.

–No importa, tú sigue p'alante, que aquí en Conil los cristos tienen tanto poderío que rompen los cables con el pecho.

El sorprendido capataz levantó el paso y comenzó a andar poco a poco hacia delante. Como era previsible, al principio, el Cristo tocó tímidamente el cable. Luego, se fue tensando como la cuerda de un arco a medida que avanzaba, un poco más, un poquito más… hasta que el cable se rompió y saltó por los aires con dos violentos latigazos, yendo a caer desmadejado sobre el paso.

El Cristo de la Buena Muerte de Conil, una vez roto el cable, continuó su recorrido procesional con toda normalidad. La única objeción a la heterodoxa maniobra fue el desaguisado consiguiente, sufrido por los vecinos de esa zona de la localidad, que se quedaron tres días sin ver la televisión local por cable hasta que los técnicos subsanaron decisión tan brava del mayordomo de la cofradía. Aquel que afirmaba, sin dudarlo ni un instante, que "en Conil los cristos tienen tanto poderío que rompen los cables con el pecho".

DULCE VINO PENITENCIAL

Inmersos, como nos encontramos, en campañas de concienciación promovidas por distintos estamentos sanitarios y sociales, dirigidas a fomentar la moderación y el consumo responsable de bebidas alcohólicas, hoy en día pueden resultar fuera de lugar determinadas prácticas desarrolladas antaño por las cofradías en relación con el uso del vino y los licores en ciertos actos penitenciales.

La ingesta moderada de vino –y recalco lo de moderada– desde siempre ha formado parte de la cultura andaluza, y por ende, de cualquier reunión en la que se traten temas apasionantes, como ocurre en el mundo cofrade. Degustando una copa de vino, se engrandece la comunicación entre los participantes en la tertulia.

Es por ello que la cultura del vino entraba de lleno en la órbita cofrade de tiempos pasados. A los hombres que portaban los pasos se les ofrecía vino a lo largo del recorrido procesional, tal vez pensando que con ello mejoraría su rendimiento bajo los palos, idea no del todo descabellada. Consumo de bebida estipulada en el contrato de trabajo firmado por capataces y cofradías.

No solo la gente de abajo tenía derecho al vino como reconstituyente. Su uso se ampliaba a las juntas de gobierno, clero, representaciones oficiales, hermanos de fila, sacristanes, monaguillos, músicos, escoltas y encendedores de cirios, aunque conviene aclarar que ocurría una vez recogida la procesión en el templo.

Mediante el libro de actas de la Hermandad del Cristo de la Vera-Cruz, podemos conocer en detalle lo previsto para la logística de la salida procesional del año 1935. En sesión de junta de gobierno celebrada el 13 de abril del citado año, se acordó obsequiar con una copa de coñac y pasteles a todos "los Hermanos Penitentes que asistan a la Procesión". El coñac lo suministraría un señor apellidado Fernández Simón a razón de tres pesetas la botella, y la dueña del kiosco de la Avenida de la República, que se encontraba situado frente al Café Nacional, la que suministraría los doscientos pasteles necesarios para el refrigerio.

Quienes en las décadas de los años sesenta y setenta del pasado siglo salíamos de niños vistiendo la túnica cofrade recordamos con nitidez cómo, al finalizar la procesión y una vez recogido el paso, nos dirigíamos ordenadamente, con el capirote en la mano, al almacén de la cofradía o a algún local cercano al templo. Allí se nos obsequiaba con un vasito de vino dulce y un bollo, que a aquellas horas avanzadas de la noche reconfortaban el cuerpo y sabían al mejor de los manjares. Aquel vino dulce penitencial, dispensado por los veteranos cofrades, estaba reservado a los penitentes de fila, con independencia de su edad.

Otro de los muchos ejemplos posibles lo aporta la Hermandad de la Caridad, que en el año 1943 y sucesivos lo refleja en sus Libros de Cuentas:

"Comida de cargadores y coñac para Hermanos y representaciones".

El coñac, por su mayor grado alcohólico, era considerado bebida no apta para los jóvenes penitentes, aunque apropiada para hermanos mayores y representaciones de hermandades invitadas a la salida procesional.

El vino de los penitentes de filas y el coñac de las jerarquías se han perdido con el transcurso del tiempo.

Todavía se mantienen por algunas cofradías las invitaciones durante la carrera a los cargadores que portan los pasos, aunque en la mayoría han desaparecido y, en aquellas que la mantienen, se han restringido a una sola.

Diferencia notable con los dos o tres refrigerios que se ofrecían antaño durante las cinco o seis horas de duración de la procesión en la calle. Unas invitaciones a los cargadores establecidas en el contrato que firmaban cofradías y cuadrillas de cargadores, especificando el número de ellas, los bares o lugares donde se realizarían e incluso matizaciones sobre la cantidad de vino para cada hombre.

Como ejemplos curiosos, podemos reseñar a la Hermandad del Nazareno, que en el año 1946 invitaba a los cargadores a tres convidás en los siguientes bares: El Cuarenta y cuatro, Casa Servando y Bar la Sacristía.

La Hermandad del Santo Entierro y la de la Soledad, al procesionar en la jornada del Viernes Santo y permanecer los establecimientos de bebidas cerrados por así disponerlo el Bando Municipal emitido por la Alcaldía para la Semana Santa —declarada luto oficial—, se encontraban con dificultades para que las cuadrillas portadoras de

ambos pasos pudieran refrescarse. En el año 1954 se halló una solución a este problema, habilitándose para tal fin el colegio público «Manuel Roldán», conocido popularmente como la Placilla. Ante la imposibilidad de acudir a un bar y con el fin de evitar cualquier incumplimiento del bando publicado, fue el propio alcalde quien ordenó al subdirector del centro que, a la llegada de la procesión, el colegio permaneciera abierto para obsequiar con un refrigerio a los cargadores.

En el año 1982, no tan lejano en el tiempo, el contrato de la Hermandad de la Misericordia, firmado por el capataz don Nicolás Carrillo y el mayordomo de la cofradía don Diego Salado Marín, estipulaba que se ofreciera:

"Una botella de vino por cada tres hombres".

Lo que no refería el documento era el volumen de la botella, aunque, dada la contrastada generosidad de la cofradía, por un lado, y el buen entender de los cargadores, por otro, la duda sobre el tamaño ofendía.

En cierta ocasión me pidieron que escribiera un artículo para el boletín de la asociación "Jóvenes Cargadores Cofrades", conocido como "El Botijo Cofradiero", y referido a las convidás de los cargadores. Decidí realizarlo traspasando el tiempo presente y dar una voltereta hacia atrás, inspirado en un ambiente de novela picaresca.

Supuse cómo se desarrollaría un supuesto refrigerio en aquellos tiempos bajo la óptica incrédula de un neófito mandadero, que así se llamaban los que llevaban los pasos en el pasado. Este joven se mete por primera vez bajo unas andas en busca de un ansiado jornal. No desdeñé darle un punto de humor, mezclando productos fuera de lugar, como pudiera ser la Coca-Cola. Ello, en un castellano antiguo, que se convirtió indirectamente en un alegato en defensa de la convidá para los cargadores. Y esto fue lo que salió de mi pluma:

Crónica en la que se narra que habiendo parado las andas, nos salimos los cargadores y de qué forma entramos en el surtidor o convidá.

Escucháronse tres golpes secos de martillo y nos dijeron los capataces que aquello mandaban, que nos saliésemos, que en aquella taberna había lo que se llamaba el surtidor o convidá.

Había uno que, estando a mi lado por la parte de atrás de las andas, al sonar el segundo, salióse con gran prisa, como alma que lleva el diablo, sin esperar siquiera que pusieranse las cuatro patas en el suelo. Viendo esto, dieronme ganas de correr por no perderme algo de inmenso valor y, en dos trancos, sitúeme en la puerta de dicha taberna, y fue como una visión de la Gloria Divina, ¡y que Dios me perdone por mi atrevimiento!

Véianse sobre un mostrador de madera jarras de a dos cuartillos llenas a rebosar de un vino blanco, vendimiado en los cercanos pagos de la Villa de Chiclana, y flanqueadas por dos docenas de vidrios de los que llaman vasos, e igualmente llenos del nombrado caldo. A su diestra, otras jarras conteniendo un líquido rubio y espumoso, proveniente de la fermentación de la cebada y aromatizado con lúpulo. Se completaba el espectáculo con otra bebida de color oscuro y, a fe mía, que sin ayuda de nadie, unas burbujas la recorrían de abajo hacia arriba.

Entrándonos y cogiendo cada uno lo que le apeteciese, se empezó la convidá. Yo quise catar en primer lugar el vino, más que nada por no hacer un desaire a los productores del lugar; la primera entró por el gaznate rascando un poco, pero la segunda lo hizo más suavemente.

Dieronme varios empellones que no lograron derramar ni una gota de mi vaso, aunque obligaronme a dejar la primera línea del mostrador con gran pena y pesar por mi parte, y tuve que refugiarme en un grupo más retrasado que se contaban sus cuitas y desventuras referidas a la forma en cómo pesaban y quemaban las andas en el cuello, que a mi parecer hablaban más bien del fuego eterno que del oficio de cargador.

Aprovechóse por algunos para aliviar las vejigas, por lo que formaban una larga cola, pero yo, por no desperdiciar el tiempo, me dediqué a probar las otras bebidas; así, me atreví con el líquido oscuro y negruzco que resultó de sabor dulzón y refrescante, e hizóme toser al pasar por la campanilla con un cosquilleo de burbujas. Uno de los que estaban en el corro de las desventuras y quemazones, y que yo reconocí como muy entendido y cabal, díjome que esa bebida procedía de las Américas y era fórmula magistral y secreta que nadie conociera, y que ciertos pícaros y estudiantes de mala vida mezclaban con ron u otros licores espirituosos.

Dieronse pronto muchas voces y se armó gran algarabía porque de nuevo empezó a sonar el martillo como señal de que nos metiéramos en las andas. Apuróse rápidamente lo que quedaba en los vasos, e incluso aprovechóse por alguno para echarse la última y beberla de golpe, mientras las voces subían de tono y todos tornábanse de nuevo a su oficio.

Sonaron tres golpes y las andas empezaron a moverse con más alegría y poderío que antes, y al cabo de un gran rato dime cuenta de que, estando el paso andando, metióse con gran prisa y sigilo el que antes se había salido el primero, sin esperar el fondo, y murmurando algo sobre la tan grande cola que había para aliviar la vejiga.

LA ESPERANZA Y EL FAJÍN DEL ALMIRANTE

Una vez retirado de la Armada por razón de edad e instalado en San Fernando tras un dilatado destino en Madrid, era habitual encontrarse al exministro don Adolfo Baturone dirigiéndose a primera hora de la mañana a la Iglesia de San Francisco. Hombre profundamente religioso y de sólida fe, acudía diariamente a oír misa en este templo castrense, sede de la Hermandad del Cristo de la Expiración y María Santísima de la Esperanza, popularmente conocida como la del Silencio.

La Virgen de la Esperanza luce en su salida procesional de la noche del Jueves Santo el fajín de almirante que perteneció en vida a don Adolfo Baturone, ministro de Marina durante cuatro años, entre 1969 y 1973.

Es costumbre mantenida hasta la actualidad que determinadas imágenes marianas reciban en donación, por parte de mandos militares, el fajín de color rojo, máximo rango de la milicia y símbolo representativo del generalato o del almirantazgo. Se trata, por lo general, de personas queridas y admiradas por el pueblo de San Fernando, que siempre se ha sentido orgulloso de contar entre sus hijos más ilustres a quienes han alcanzado las más altas responsabilidades de la sociedad española, y en este caso concreto, del ámbito militar. Así, se contabilizan varias advocaciones marianas que lucen el fajín con borlón ceñido a la cintura en sus respectivas salidas procesionales.

Enumerándolas por orden del día de salida –y no conforme a los preceptos de la jerarquía castrense atendiendo al grado o antigüedad de las personas citadas–, encontramos que el Domingo de Ramos la Virgen de la Estrella porta el fajín del general don Julio García Charlo. El Martes Santo son dos las advocaciones: la Virgen de Gracia y Esperanza, que luce el fajín del que fuera gobernador militar de Guinea, el general don Faustino Ruiz, y la Virgen de la Caridad, con el del general don Fernández Pery. En la noche del Jueves Santo, la Esperanza del Silencio puede ceñir indistintamente dos fajines: el del ya mencionado almirante don Adolfo Baturone y el del general don Emilio Jiménez Villarejo. Cierra esta nómina, en la jornada del Viernes Santo, la Virgen de la Soledad, que luce el fajín del laureado general don Enrique Varela.

Cuando la Cuaresma se acercaba inexorablemente para disfrute y

trajín de todos los cofrades, el almirante Baturone cedía su fajín para que la Esperanza lo luciera en su salida procesional. Una vez finalizada la Semana Santa, se lo devolvían al marino, toda vez que, a pesar de no estar en activo, seguía siendo invitado a los actos oficiales celebrados por la Armada.

Asistía cada año a la denominada "Bendición del Mar", ceremonia que se celebra conmemorando el voto realizado por la Marina Española como agradecimiento por haberse librado el Arsenal de la Carraca del maremoto de 1755. Una catástrofe que desoló Cádiz y cuyos daños no alcanzaron milagrosamente a dicho arsenal.

Finalizada la Semana Santa, los pasos volvieron al almacén y el almirante no se acordó de recoger el fajín con la confianza puesta en la custodia del fajín por el mayordomo de la Expiración.

En abril, como marca la tradición, se celebraba la "Bendición del Mar". Cuando el almirante se vistió el uniforme, observó que no llevaba el fajín reglamentario. Llamó a su hijo Manolo, hermano de la Expiración, para que lo recogiera. Y sucedió lo establecido en la famosa Ley de Murphy: el mayordomo de la hermandad se encontraba ilocalizable, el hermano mayor desaparecido, el almacén cerrado a cal y canto, y nadie daba señal del fajín por muchas gestiones que se hicieron.

A su hijo Manolo, Manuel Baturone Santiago, Capitán de Navío y por entonces Director del Museo Naval de San Fernando, no se le ocurrió mejor idea para solucionar el problema que dirigirse al citado Museo y tomar uno de los fajines allí depositados. Y don Adolfo tuvo el honor de acudir a la "Bendición del Mar" no con su propio fajín, sino con uno vetusto y descolorido, que salió de la quietud y paz de las vitrinas del museo, y que antaño luciera en su cintura un marino ilustre caído por la patria, Dios sabe en qué gloriosa batalla naval.

Posteriormente, el fajín que se ciñera don Adolfo durante sus años de servicio se lo ofreció definitivamente a la Virgen de la Esperanza en un emotivo acto celebrado en San Francisco. A pesar de ser reacio, dirigió unas palabras a los asistentes, cuyo desarrollo reproducimos del artículo publicado en el boletín de la Hermandad, gracias a la vibrante prosa de María Felisa Sánchez García, pregonera de la Semana Santa de San Fernando en el año 1996:

La Hermandad del Silencio, como se la conoce popularmente, celebraba su solemne Función Principal en honor de sus Titulares: la Virgen de la Esperanza y el Cristo de la Expiración. En el ofertorio, como suele hacerse en las solemnidades, varias parejas acercaron al celebrante las ofrendas. En un lateral, un cofrade, esperaba con una bandeja en las manos. En el primer banco, según su costumbre, y en compañía de su hija mayor y su marido, estaba el almirante Baturone. Todas las mañanas, en la misa de las nueve, ocupa ese mismo lugar; pero aquella noche del Domingo de Pasión, tenía un significado especial su presencia allí. Lo explicó el párroco. Hizo una semblanza breve y elogiosa de su vida militar, familiar y religiosa, antes de anunciar que iba a ofrecerle su fajín de almirante a la Virgen. Pidió e inició un caluroso aplauso para él. La iglesia estaba llena de fieles, y todos a una se sumaron a su petición. La ovación atronó las bóvedas del templo durante unos minutos. Nuestras fibras sensibles se estremecieron. La mayoría de las personas asistentes a la celebración le conocemos y sabemos los valores humanos y morales que constituyen su mayor tesoro.

Se restableció el silencio. Su figura, mermada ya por los años, se irguió, y sobre sus manos temblorosas colocó el cofrade la bandeja. Sobre ella, primorosamente doblado, estaba su fajín, rojo como la sangre y flecos gualdas como el oro, metal valioso; rojo y gualda, como la bandera nacional de todos los españoles a la que con tanta dignidad había servido durante muchos años. El fajín que, con tanto orgullo y merecimiento, había abrazado su cintura en tantos actos oficiales, en tantas ceremonias solemnes, en tantos momentos importantes de su vida de almirante y de ministro de Marina, cargo que desempeñó con intachable ejemplaridad y con espíritu de servicio y de entrega. El fajín, que más de treinta años formó parte de su vida honorable, salía esa noche de ella, abandonaba el cajón de sus queridos recuerdos y pasaba a engrosar las pertenencias de la Esperanza.

....

Lo dejó sobre una pequeña mesa y subió hasta el micrófono. Con voz temblorosa comenzó su ofrenda. Acción de gracias, súplicas, entrega... Dos veces tuvo que callarse; la emoción, las lágrimas, el recuerdo y la evocación de su esposa y de su hijo, segaron sus palabras. Con dicción vacilante terminó rogándole a la Virgen que sus hijos, nietos y biznietos no se apartaran nunca de la fe católica. Se quebró su verbo. Nadie tuvo que pedirlo; espontáneo, caluroso, unánime, brotó el aplauso. Y algunas lágrimas también. Las naves del templo se llenaron de emoción, traducida en esa ovación vibrante en honor de un hombre bueno, de un caballero católico, de un gran almirante.

. . . .

Este año, en su desfile procesional del Jueves Santo, la Virgen de la Esperanza estrenará un nuevo atributo. Sobre su saya bordada en oro, pendiente de su cintura, balanceándose levemente al ritmo de varales y bambalinas, rojo y gualda, sangre y oro, sacrificio y amor, lucirá una nueva joya: "El fajín del almirante".

UN PÁRROCO Y UN CAPATAZ, TANTO MONTA, MONTA TANTO

El párroco de la Iglesia Mayor, Camilo García Valenzuela, llevaba tiempo pensando en dar culto público a Jesús Resucitado y para ello en la primavera de 1946 hizo traer de la ciudad de Olot una imagen representativa de Jesucristo saliendo del sepulcro. Por su cercanía a las cofradías y su asistencia a las salidas procesionales. El sacerdote observaba a los hombres trabajando bajo los pasos y debió de pensar que, para elevar a los cielos a Cristo Resucitado, nada mejor que encomendar tal tarea a los cargadores en una valiente *levantá*.

Y así el padre Camilo se puso en contacto con José Tinoco Mera, capataz de los cargadores, y le dijo: "Reúne a tu gente, a esos hombres esforzados que llevan toda la Semana Santa sacando los pasos. Esos que no han parado ni siquiera un momento desde que el Domingo de Ramos cargaron a Cristo atado a la columna hasta que recogieron el Santo Entierro. Reúnelos y dile a los que llevan los titulares de otras cofradías que a partir de ahora van a cargar su propia hermandad, la de Nuestro Padre Jesús Resucitado".

Tinoco Mera no se lo pensó dos veces, poniéndose inmediatamente mano a la obra. Convocó a sus hombres más cercanos, a sus propios hijos, a su gente de confianza, a sus voces, a sus pateros, a sus cargadores, a sus familias, y les expuso el ambicioso proyecto de fundar una hermandad, a la que todos dieron una respuesta afirmativa y entusiasta. Y así fue como un párroco y un capataz, tanto monta, monta tanto, se pusieron de acuerdo para crear la Hermandad del Resucitado, vulgo de los cargadores, los cuales a partir de ese momento lo considerarían como su patrón.

Y se constituyó una junta para que gobernase y rigiese los destinos de la nueva hermandad. Podemos imaginarnos el esfuerzo enorme de los componentes de la Junta de Gobierno. Hombres sencillos que nada conocían de gestionar una cofradía. Jamás habían pertenecido a una Junta de Gobierno, a ninguna hermandad, porque su origen social, el devenir de sus vidas en Semana Santa, los había limitado a estar trabajando bajo los pasos. Personas que nunca habían vivido la Semana Santa salvo en la eterna semioscuridad reinante bajo las andas.

Hombres que en contadas ocasiones habían conocido el lento serpentear de las procesiones por las calles, aunque por el contrario conocían sobradamente la dificultad de cargar los pasos.

Hombres cuyo sitio en la procesión se encontraba bajo las caídas que los ocultaban, y que unos días se tornaban moradas, otros verdes y otros negras. Ellos no veían nada, aunque sí sentían la devoción del pueblo a sus cristos y vírgenes… podían imaginarse la belleza plástica del misterio… soñaban que arriba las imágenes se mecían a compás… oían sones de tambores y cornetas de una banda presagiada en la lejanía de la penitencia… escuchaban las oraciones rezadas del viacrucis de las que solo les llegaba un acallado y leve rumor… olían el aroma de las flores y el incienso que a ráfagas se colaba por el respiradero, mezclándose con el olor agridulce del sudor derramado, del esfuerzo compartido, del hombro resbaloso del compañero aplicado con tesón para mantener la horizontalidad del paso.

Y esos hombres, esos recios y bravos hombres, tuvieron la valentía de fundar la Hermandad del Resucitado. Y allí a su frente, se encontraba su hermano mayor, José Tinoco Mera, capataz de cargadores. Una persona que cumplía con una enorme seriedad con las cofradías; fiel y escrupuloso cumplidor con su trabajo; exigente consigo mismo y con sus hombres; carismático y siempre dando ejemplo para que su cuadrilla cumpliera a la perfección con la labor encomendada.

Como segundo hermano mayor, colaborador y apoyo incondicional, se encontraba don Antonio Tinoco Repeto, hijo del capataz de veintitrés años de edad, de profesión salinero y trabajador de la gente del trajín. Cargador de vírgenes y segundo capataz de su padre en la dirección de los pasos. Capatacía truncada al sufrir una sordera durante su Servicio Militar en Madrid que le obligó a refugiarse debajo de las caídas. Enamorado de la carga, continuó bajo los pasos hasta que se retiró en el año 1975.

De primer secretario estuvo Nicolás Carrillo López, desposado con Dolores Tinoco, hija del capataz Tinoco Mera, al cual sustituiría al frente de los pasos tras su muerte en 1955. Elegido secretario por su formalidad, por su buen hacer como listero de la cuadrilla, por los conocimientos que poseía de lectura y escritura, por su elevada humanidad, por su amor a la Semana Santa, por su trato correcto con todos, por su saber estar en

cualquier situación sin perder jamás su sitio.

Nicolás Carrillo fue, hasta su retiro en el año 1987, un capataz de enorme talla, mandando a lo largo de estos años la cuadrilla tradicional de mayor importancia por cantidad y calidad de cargadores que existió nunca en San Fernando. Portando los pasos más complicados, y depositario de una tradición que mantuvo dignamente hasta el final de sus días. Una merecida calle recuerda hoy su nombre.

Y por justicia histórica debemos nombrar al resto de la junta fundadora, formada por cargadores como Diego García Fernández, Juan Rodríguez Noria, Manuel Tinoco Repeto, Luis Guerrero Vargas, Agustín Correa Pedemonte, Mariano Rivero Rosano, Antonio Lagóstena López, José Ariza Andrades y Juan Otero Pavón.

La Hermandad del Resucitado procesionó durante cinco años, entre 1948 y 1952. Según relatan las crónicas periodísticas, en este último año la procesión estuvo presidida por el hermano mayor, don Tinoco Mera, y contó con la asistencia del padre Gaona.

¿A qué fue debida la corta existencia de una hermandad nacida con tanta ilusión y esfuerzo? Posiblemente, la rápida desaparición tuviera un triple motivo. Tres causas en conjunción que acabaron con la joven hermandad. En el año 1953, el hermano mayor y capataz, Tinoco Mera, cayó gravemente enfermo y, como consecuencia, hubo de dejar la dirección de su cuadrilla. Esta quedó entonces en manos de sus cuatro hijos y de su yerno, Nicolás Carrillo, quienes asumieron la organización y la dirección de todas las faenas relacionadas con la carga de los pasos.

Por otro lado, el padre Camilo es trasladado a la iglesia de San José de Cádiz, dejando de ejercer su labor eclesiástica en San Fernando. Y en tercer lugar, y para complicar aún más la difícil situación de la hermandad, las ayudas económicas disminuyeron en gran medida, y especialmente las procedentes de las subvenciones aportadas por el Ayuntamiento. Queda por tanto doblemente descabezada la cofradía y alejados de la misma sus fundadores, almas mater y principales sostenes, al mismo tiempo que empiezan a faltarles los necesarios apoyos económicos, imprescindibles para que la hermandad saliera a la calle.

Y así permanece en el olvido largos años sin salir en procesión, encontrándose durante todo ese tiempo la Semana Santa huérfana del broche final necesario en la vida del cristiano, del hecho de la Resurrección. Largo paréntesis que abarca desde 1953 a 1981, año este en que la antigua Junta Oficial de Cofradías, hoy Consejo de Hermandades y Cofradías, retoma el asunto y decide sabiamente que, como culmen de la Semana de Pasión, vuelva de nuevo a salir, con el nombre de "Procesión de Nuestro Señor Jesucristo Resucitado".

Posiblemente se trate del único caso documentado en la historia cofrade en el que la unión y colaboración mutua entre un párroco y un capataz –un capataz y un párroco, tanto monta, monta tanto– dieron lugar a la fundación de una hermandad de Semana Santa.

LA MARQUESA Y LA FLOR

Durante los veintiocho años faltos de la procesión del Resucitado, las hermandades del Santo Entierro y de la Soledad ponían el colofón y remate último a la Semana Santa de la Isla, dejando su luto en el alma y en el espíritu a todos los cofrades. En ese paréntesis de tiempo, el recuerdo de la Virgen de la Soledad recogiéndose en la Iglesia Mayor se hacía presente durante todo un año de nostalgia. Permanecía en la retina y en el corazón como última imagen cargada, hasta que de nuevo, en la siguiente primavera, las palmas en manos de alegres e infantiles hebreos avisaban de que la Borriquita volvía a iniciar el círculo.

De esta manera vivían los cofrades el final de la Semana de Pasión, y para los cargadores representaba algo similar. Suponía la última faena de una larga y cansada semana en la que no se habían escatimado los esfuerzos.

Los cargadores tradicionales de aquellos años realizaban el duro esfuerzo de sacar un paso diario, llegando al culmen el Jueves Santo. A las seis de la tarde se encontraban los hombres dispuestos para cargar el Cristo del Perdón en el barrio de la Casería convertida en Gólgota, el Cristo de la Misericordia ayudado por Simón de Cirene en la Pastora y el impresionante Cristo de la Expiración desde la Castrense San Francisco. Después de seis horas de procesión, llegaban los hombres con fuerzas para sacar a Jesús Nazareno y a la Virgen de los Dolores a las dos de la madrugada. Pródiga noche de mecíos, saetas, "vámonos para atrás" y encuentros de ambos pasos, para físicamente agotados buscar con ansia la recogida. Y al regresar a casa después de tan larga faena, les esperaba el consuelo de una blanda cama donde reposar los doloridos cuerpos castigados con demasiada madera.

Los cargadores, en el costoso despertar para la tarde del Viernes Santo, se encontraban de nuevo con la almohada y las cuerdas, sus útiles de trabajo, para dirigirse a la Iglesia Mayor. Faena última a realizar para cumplir la palabra dada al capataz que con redonda letra había reseñado cada nombre, cada apodo en una lista, la de los hombres que llevarían a la Soledad. Compromiso adquirido y palabra dada a la que no se podía faltar.

Una vez en el templo, los cargadores amarraban ritualmente la almohada con la cuerda de pita en el palo y se ceñían el pañuelo en

la frente para absorber el sudor del esfuerzo. Luego se sentaban en los bancos de madera a esperar.

La marquesa de Varela llegó al templo, saludó al hermano mayor y se acercó a la Soledad, la de la carita triste y llorosa, rezándole sentidamente. Representaba una tradición que desde el año 1940 se repetía cada tarde de Viernes Santo, rito que perduró hasta su fallecimiento en el año 1999.

Una tradición heredada de su marido, Enrique Varela Iglesias, marqués de Varela de San Fernando, ciudad que vio nacer a tan insigne militar. De cuna humilde, hijo de un sargento de Infantería de Marina, sentó plaza como educando de banda del Regimiento de Infantería de Marina a muy temprana edad. Una carrera fulgurante en la Guerra de África con ascensos por méritos en arriesgadas misiones, llegando a detentar el cargo de Ministro del Ejército y alcanzando al final de su vida el mayor grado del Ejército Español, Capitán General a título póstumo.

Por sus obligaciones, se encontraba bastante tiempo alejado de San Fernando, y las cofradías le solicitaban una petición dineraria, una postulación para hacer frente a los gastos de la salida procesional. Su respuesta era siempre afirmativa, enviando un donativo para aliviar la necesitada economía cofrade. Con la Soledad mantenía una relación íntima, especial si cabe, ostentando el título de hermano mayor honorario.

A los sesenta años de edad, el general Varela falleció en África, donde desempeñaba el cargo de Alto Comisario de Marruecos. Desde entonces, el vínculo con la Hermandad de la Soledad fue mantenido fielmente por su viuda, doña Casilda Ampueros y Gandarias, y por sus dos hijos, Enrique y Casilda. A partir de ese momento, no hubo un solo Viernes Santo en el que esta familia dejara de honrar a la Virgen con su constante y agradecida visita.

Dicha visita de la viuda de Varela, la viuda a secas, como los cargadores la llamaban, representaba un honor para la hermandad. A su llegada al templo, uno de los cargadores, el que llevaba la voz cantante, ordenaba a sus compañeros:

–Buscarme por ahí una flor.

Dos o tres hombres corrían en busca de la pretendida flor. Clavel, lirio o rosa que previamente había adornado las andas del Nazareno en su caminar por las calles en la madrugada. Pétalos que se conservaban lozanos y con frescura a pesar del relente del amanecer. Hacía tan solo un rato, la flor embellecía al Señor de la Isla en su discurrir entre la devoción del pueblo, y en un instante cumpliría su postrera misión de rendir pleitesía a una viuda.

Con la flor en la mano y con todo respeto y dignidad, el cargador se acercaba a doña Casilda y, con un rodillazo y beso en la mano incluido, le entregaba la flor en representación de la cuadrilla.

–Señora marquesa, aquí nos tiene a su disposición para lo que mande.

La señora daba las gracias y a continuación extraía de su bolso un sobre cerrado que contenía en su interior algunos billetes. Se los entregaba al portavoz con la severa advertencia de repartírselo entre los compañeros de la cuadrilla.

–Muchas gracias, señora marquesa.

Doña Casilda rezaba en silencio mientras los cargadores se despedían. El capataz golpeaba el llamador y su gente entraba debajo del paso para realizar la primera levantá. Se iniciaba el último esfuerzo de la cuadrilla para concluir la Semana Santa. Con los huesos doloridos, la carne ardiente y amoratada tras una larga semana de entrega, los hombres portaban con un estilo peculiar a la Soledad. Con suavidad se realizaban los mecíos, medidas las levantás, andando a las bandas con mimo, con delicadeza por el Hijo muerto en la Cruz. Una carga de luto, templada, señorial. Así se cargaba a la Soledad.

En la puerta del templo, ya de recogida, se levantaba por última vez el paso. En silencio, los presentes vivían la despedida y el omega de una larga semana en que cofrades y cargadores habían aportado lo mejor de sí mismos. Como punto final al esfuerzo, la Soledad entraba con mimo y dulzura a su casa. Allí esperaría un largo año para que de nuevo sus cargadores la pasearan por las calles.

Una vez recogida la procesión, se reunía la cuadrilla en el bar *El Deán,* en torno a unos papelones de pescado frito acompañado de buen vino chiclanero. El sobre de la marquesa que habían recibido daba para ello.

El rito de la flor que representaba *Papardi* se repetía año tras año, hasta que los cargadores tradicionales, aquellos que cobraban un jornal por llevar los pasos, no fueron contratados por la Soledad, aunque ella, la marquesa de Varela de San Fernando, continuó acudiendo hasta su muerte.

La marquesa falleció el 3 de julio de 1999, cumpliéndose su última voluntad de ser enterrada en el cementerio de San Fernando. Fue llevada a hombros por los miembros de la Junta de Gobierno de la Soledad al panteón familiar donde se encuentra enterrado el general Varela. Sus exequias tuvieron lugar en la Iglesia Mayor Parroquial, junto a la imagen de la Soledad, la virgen de carita triste y llorosa a la que todos los Viernes Santos acudía a rezarle hasta que le alcanzó la hora de la muerte.

CIRARTEGUI Y GUZMÁN BEJARANO, MAESTROS DE LA TALLA

El majestuoso Buque Escuela de la Armada Española "Juan Sebastián de Elcano" se encuentra unido a San Fernando por una larga serie de lazos y razones, la mayoría de ellas de índole sentimental y afectiva, pero sin obviar las de carácter material. Entre ellas podemos destacar que en esta tierra marinera reposa y descansa en verano y parte del otoño el bergantín-goleta de cuatro palos, después de haber paseado con orgullo el pabellón español por diversos países del mundo en sus largas travesías anuales.

Entre las razones sentimentales, además del número incalculable de cañaíllas que han formado parte de su tripulación navegando desde su botadura hasta nuestros días, en el Museo Naval de San Fernando se encuentra el primer mascarón de proa de dicho bergantín. Como se sabe, es una figura colocada como adorno en lo alto del tajamar de los barcos. Talla de madera de la diosa Minerva representando a una dama sobre un escudo con los blasones de Castilla y León. Lo acompaña a ambas bandas una greca de madera con molduras ornamentales. La simbología del conjunto representa a España.

Desde su botadura en el año 1928, en el Arsenal de la Carraca queda amarrado varios meses al año, entrando en reparación desde julio a enero aproximadamente y realizándosele labores de mantenimiento y de puesta a punto para la siguiente salida.

Durante años lo han mimado en la Carraca los inmejorables técnicos, especialistas y operarios de la antigua Empresa Nacional Bazán, denominada posteriormente Izar, luego Navantia, y mañana quién sabe. Cambio de nombres por el capricho de la clase política que gusta de modificar las denominaciones antiguas a fin de que parezcan algo nuevo, moderno. En el fondo siguen siendo las mismas, aunque desaparece una denominación histórica, en este caso, la Bazán. El pueblo llano, con toda razón, hace oídos sordos a la novedad y continúa denominándolo como siempre lo hizo. Por eso la Bazán, para los cañaíllas, será siempre la Bazán, por mucho que se empeñen.

Y decía que lo han mimado durante años. Cuidándolo con esmero y efectuando una puesta a punto para la siguiente singladura;

modificando estructuras; resanándolo; cambiando piezas de los motores; sustituyendo el velamen…, y de vez en cuando, transformándolo sin perder su esencia histórica y marinera, a fin de perdurar en el tiempo con sus excelentes condiciones de navegación y alargando su vida útil.

En la década de los años 80, en una de las grandes puestas a punto, surge un problema que los capacitados ingenieros y técnicos, las nuevas y revolucionarias tecnologías, los novedosos materiales, los últimos medios informáticos y la más alta precisión existente en Bazán no fueron capaces de solucionar.

Dado su estado de deterioro por tantas travesías, se hacía imprescindible sustituir el mascarón de proa de Elcano, debiéndose tallar en madera uno nuevo. Al principio no se encontró quien ejerciera tal oficio en la factoría. Y se ha de acudir como antaño al artesano de la madera, al artista manual.

No fue esta la primera vez que se hizo necesario renovarlo. Tres han sido los mascarones de proa del buque, pues además del actual han existido otros dos anteriores que fueron sustituidos a lo largo del tiempo. El segundo mascarón se realizó en madera de pino rojo y fue labrado por un tallista de Cádiz a principios de los años 70. Esta talla se encuentra expuesta en el Museo Naval de Madrid, que efectuó en sus talleres la restauración de los desperfectos motivo de su reemplazo.

Artesanos de la madera de calidad inigualable que trabajaron desde antaño en la Carraca, pero cuando los barcos trocaron la noble madera de su estructura por el más recio metal, fueron desapareciendo paulatinamente los gremios hasta su total extinción.

Hubo una vez un maestro de escultura del Arsenal de La Carraca que tallaba mascarones de proa…

Oficio realizado en otros tiempos de manera excepcional en la carraca por José Tomás de Cirartegui, un maestro de escultura al servicio de la Armada Española en el último tercio del siglo XVIII y que entre sus labores figuraba la talla de mascarones de proa de los navíos.

Podemos imaginar en el año 1788 a este artesano de la creación artística en madera, con la máxima categoría profesional de maestro,

trabajando y esculpiendo los mascarones de proa de los navíos de guerra en fase de construcción encargados por la Marina Real. Aunque su labor con la gubia no se quedó en las míticas figuras de fieros dragones o bellas sirenas que en proa desafiaban vientos y mares, sino que traspasa lo humano para llegar a lo divino, nos encontramos al Maestro Cirartegui labrando con idéntica gubia a la expresiva imagen del Cristo de la Expiración, un crucificado encargado para la iglesia del Hospicio de Religiosos Franciscanos que servía de parroquia castrense del Departamento Marítimo de Cádiz.

Ocho años más tarde, en 1796, es alrededor de este Cristo agonizante donde se funda la Hermandad del Cristo de la Expiración por altos miembros de la Marina de Guerra. Primero fue el crucificado y luego la cofradía. Antes fue la devoción para posteriormente llegar al culto organizado. Inicialmente en forma de la predicación de los sermones de las siete palabras en la señalada fecha del Viernes Santo, para luego convertirse en culto externo. La salida procesional con el Cristo de la Expiración que tallara José Tomás de Cirartegui, maestro de escultura de la Carraca.

... y hubo una vez un maestro tallista de pasos que esculpía mascarones de proa para el Arsenal de La Carraca.

En 1984, por tercera vez y dado su estado de deterioro, se hacía imprescindible sustituir el mascarón de proa de Elcano y tallar en madera uno nuevo... y los ingenieros navales y técnicos de Bazán, después de muchas vueltas y cientos de gestiones, debieron acudir inexcusablemente al taller sevillano de Manuel Guzmán Bejarano para encargarle al maestro la obra.

Las numerosas obras del tallista de pasos sevillano Manuel Guzmán, fallecido el 31 de diciembre de 2002, se desparraman por toda la geografía andaluza y española, calculándose que de su taller han salido más de trescientos pasos para el disfrute y deleite de los sentidos.

Su impronta ha quedado para siempre en San Fernando a través de pasos de una calidad y belleza extraordinarias, que aún hoy pueden contemplarse durante los días de Semana Santa. Entre ellos se encuentran los del Ecce-Homo, la Vera-Cruz, la Misericordia, el Nazareno, el Cristo de la Sangre y el Cristo de Medinaceli, así como la restauración del paso de la Pastora, el templete de los Dolores (Servitas)

y la sobrecanastilla y los candelabros del paso de Nuestro Padre Jesús Atado a la Columna.

Por unos días, Manuel Guzmán Bejarano, barroquismo puro, cambió la talla de respiraderos, cartelas, candelabros y canastillas por esculpir en madera de cedro a la diosa de la guerra y del saber, a la diosa Minerva, desprendiendo en este caso sensaciones intensas a historia, imperio y mar.

Y así, un maestro tallista de pasos vino a San Fernando no a traer unas nuevas andas que enriquecieran patrimonialmente la Semana Santa Isleña, no un trabajo religioso, sino que acudió al Arsenal de la Carraca a esculpir un mascarón de proa. Vino para colocar su obra civil y profana en la proa del velero "Juan Sebastián de Elcano", recuperando, a pesar del tiempo pasado, el perdido y antiguo oficio que ejerciera José Tomás de Cirartegui, el maestro de escultura que tallara mascarones de proa.

PROCESIÓN DE ROGATIVAS DEL NAZARENO

Muy calamitosa debía de estar la situación cuando el 30 de noviembre de 1943 el párroco de la Iglesia Mayor decidió que las Letanías de los Santos que se rezaban diariamente nada más terminar el Santo Rosario se dedicaran para rogar que lloviera. Incluso dispuso que los domingos y días festivos dichas letanías no se suprimieran y se celebrarían después de la Misa Mayor.

No era buen año de lluvias el de 1943. Cuando la esperanza de que una mejora de la economía aliviase la necesidad y mitigase la hambruna tras las adversidades y miserias posteriores de la guerra civil de 1936, sobre Andalucía se cernía una sequía extrema.

Los anteriores años de 1940 y 1941 habían sido bastante lluviosos, quizás en demasía, pues trajeron incluso el paludismo a determinadas zonas de España. Pero la secuencia de años de lluvias se truncó bruscamente y 1942 fue, por el contrario, muy seco, continuando la misma tónica en 1943. Corría noviembre y desde hacía meses no había caído prácticamente del cielo ni una sola gota de agua.

No representaba tan solo un problema exclusivo para los sedientos campos privados de la siembra de los cereales, del trigo necesario para obtener pan el resto del año, sino también para las pequeñas huertas circundantes de la ciudad y que la abastecían de verduras y frutas de temporada. Incluso la tan necesaria agua de pozos y aljibes escaseaba.

El año corría bastante seco y atípico. La escasa lluvia se desparramaba caprichosamente a lo largo de las estaciones. Poca agua, pero caída en los momentos más inoportunos. En la salida del Nazareno en la madrugada del Viernes Santo, se abrieron puntualmente las pesadas puertas de la Iglesia Mayor y comenzaron a discurrir las secciones de penitentes hasta que asomó al dintel el paso de Jesús, haciendo su salida entre un entusiasta clamor popular. Lo mismo ocurrió con la Virgen de los Dolores en su paso de palio justo en el momento que empezó a llover, debiendo volver apresuradamente la procesión al templo.

Media hora después escampó y la Junta de Gobierno decidió salir de nuevo. La lluvia le sorprendió en su recorrido al regreso del barrio del Carmen y a la altura de Las Cortes. Posteriormente, se repitió el episodio en la calle San Rafael. Tres nefastos chaparrones de agua que marcaron la madrugada de aquel año extremadamente seco, aunque la lluvia cayó en el peor momento de los posibles para los cofrades del Nazareno.

Pasada la Semana Santa, ni una sola gota de agua volvió a caer de los cielos. Esta sequía extrema hizo reflexionar a los miembros de la Junta del Nazareno. Pensaron que, tal vez, saliendo en procesión podría ocurrir como en su última salida procesional, en la que se prodigaron abundantes chaparrones. Incluso en algunos momentos puntuales la lluvia era torrencial. Quizás el Nazareno se convirtiera en el necesitado *aguador* de la Isla.

Para tratar del asunto, se reunieron en la noche del viernes 3 de diciembre de 1943 la Junta con su hermano mayor, señor Olmo a la cabeza, el señor alcalde y el párroco Camilo García Valenzuela. En el cónclave se barajó la posibilidad de sacar al titular de la cofradía en procesión de rogativas.

Como una premonición, al día siguiente de la reunión, horas después de tomada la decisión de la salida del Nazareno, el tiempo se preparaba para la ocasión, obteniéndose los primeros beneficios de una lluvia escasa.

La Hermandad del Nazareno, con el beneplácito de las autoridades eclesiásticas y municipales, decidió sacar al Señor de la Isla en rogativa el domingo 5 de diciembre, implorando la ansiada lluvia. La finalidad no era otra que permitir la siembra en campos y huertas, favorecer la recuperación del nivel de pozos y aljibes y asegurar así el abastecimiento de agua potable. En definitiva, se trataba de poner fin a la denominada "pertinaz sequía", expresión habitual en el discurso de los dirigentes del régimen político de entonces.

Salió la procesión a las siete de la tarde, encontrándose la Plaza de la Iglesia abarrotada de una ciudad expectante. El Señor del Nazareno salió en unas reducidas andas portadas por cofrades. La imagen no lucía su mejor túnica bordada en oro, sino por el contrario, una lisa, humilde y sencilla, más apropiada para una procesión de rogativas.

Se instalaron las catorce Estaciones de Penitencia en puntos estratégicos del recorrido, en los cuales un coro de voces acompañado con armonio rezó el viacrucis.

El Cristo no llevaba la cruz habitual de la salida procesional, sino

una más corta. La procesional se encontraba presidiendo una de las estaciones del viacrucis, la situada en el atrio del Ayuntamiento.

Asistían a la procesión las autoridades civiles, militares y eclesiásticas, representaciones de las distintas hermandades, así como la Hermandad Sindical de Labradores y Ganaderos de San Fernando, esta última representativa de los colectivos más perjudicados por la acuciante falta de lluvias.

Siguiendo el itinerario, acercaron al Nazareno al otro extremo de la calle Real para visitar a la Patrona. En ese norte devocional de la ciudad, los cofrades que llevaban las andas se afanaron en volverla hacia la carmelitana puerta, mirando de reojo el dintel de la Iglesia del Carmen, en cuyo interior se presumía que la Virgen esperaba ansiosa la visita. Se cantó una Salve y las andas las volvieron en dirección a la capilla de la Virgen Marinera. En aquel instante se encontraron frente a frente las dos imágenes que más devoción despiertan en la ciudad.

El Nazareno, ya con la negritud de la noche en el cielo, volvió a desandar el camino, calle Real abajo, en largas trepás solo rotas por unas cortas paradas en las puertas de algunos domicilios engalanados para la ocasión con banderas rojigualdas en sus fachadas y balcones, colgaduras y plantas y flores adornando cierros y balcones.

Parada destacada fue la realizada a la Iglesia de San Francisco, rezándose unas oraciones y cantando unas coplas. De allí se encaminó de nuevo a su templo, donde quedaría en besapié para que, con el rezo de todos y su divina ayuda, el agua tan preciada se desparramara por calles, campos, eras y huertas, llenándolo de nuevo todo de vida.

Entraron las andas de recogida por el dintel de su templo al filo de las once y media de la noche, bajo la atenta mirada de fieles y cofrades que le habían acompañado en esa emotiva tarde–noche. Los cofrades se persignaron mientras el mayordomo lo colocaba en besapié para orar por la tan ansiada y bendita lluvia.

Tan solo media hora después de recogida la procesión de rogativas, los feligreses y devotos que abandonaban el templo se sorprendieron gratamente. Debieron protegerse de los gruesos goterones que habían empezado a caer, mansamente al principio, para seguir haciéndolo con fuerza a continuación, copiosamente, a decir de las crónicas periodísticas. La tan ansiada lluvia había llegado por fin para alivio de todo un pueblo.

EL CRISTO DEL PERDÓN A RUEDAS

Allá por el barrio de la Casería, una tarde de Jueves Santo, la Cofradía de Penitencia del Cristo del Perdón estuvo a punto de salir con ruedas.

Poco le faltó para ello. Precedentes se conocían y no hubiera sido la primera cofradía en utilizar ruedas para su salida procesional. Anteriormente, tanto el Cristo de la Expiración como el Santo Entierro habían empleado este sistema mecánico tan falto de alma y corazón. Ambas cofradías, por necesidades imperiosas, debieron efectuar su salida procesional una serie de años prescindiendo del ritmo, vida y movimiento majestuoso y señorial que le imprimen a las imágenes la gente de abajo. Los motivos eran puramente económicos, tiempos alicaídos de falta de tesorería para pagar a una cuadrilla, optando por realizar la Estación de Penitencia con ruedas adaptadas a la mesa del paso y de esa manera ahorrarse los correspondientes jornales de capataces y cargadores.

La Urna del Santo Entierro, a partir del año 1955 y hasta 1995, durante cuatro décadas, realizó su salida procesional sobre un paso cuya estructura interior consistía en una especie de bastidor metálico, desplazándose sobre ruedas y con un volante en la parte posterior para dirigirlo. Un artilugio mecánico procedente de un camión de la Guerra Civil, que fue adquirido por la hermandad e instalado en la parihuela del paso. La probabilidad de que saliera de algún desguace de chatarra procedente de la Marina es bastante alta.

Algo parecido desplazaba al Cristo de la Expiración desde el año 1966 hasta 1974; en este caso, una estructura montada con piezas y elementos de la conocida ferretería "Suministros Americanos", dada la pertenencia de su propietario a la Junta de Gobierno de la hermandad.

En el caso de la Hermandad del Perdón, el motivo fue económico, y la intención de salir con ruedas habría que achacársela al incorrecto comportamiento de los cargadores, como consecuencia de la salida procesional del año 1972.

Desde su primera salida procesional en 1954 sobre un paso cedido por la Hermandad de la Oración del Huerto, el Perdón fue portado siempre por cargadores, efectuando el recorrido desde la Iglesia de la Inmaculada Concepción hasta la calle Ancha para regresar de nuevo a su sede. En esos primeros años nunca llegó a la Carrera Oficial situada en la calle Rosario, dado el largo itinerario a recorrer. Fue en el año 1983 cuando alcanzó por primera vez la citada Carrera Oficial.

La cuadrilla del capataz Pedro Sánchez Cantos *Perico* procesionó al Perdón desde el año 1954 hasta 1966. Luego se hace cargo del crucificado Nicolás Carrillo, llevándolo hasta la Semana Santa del año 1972.

En el citado año de 1972 ejercía la dirección de la hermandad don Manuel de Pando Caballero, tercer hermano mayor en ocupar el cargo a lo largo de la historia corporativa. Verdadero cristiano y cofrade de corazón, fue además una persona afable y cercana en el trato. Hasta entonces había formado parte de las sucesivas Juntas de Gobierno, incluida la fundacional, en la que desempeñó la vocalía de Cultos, área a la que la cofradía otorgaba una importancia capital por su marcado carácter penitencial. Lo que otras hermandades denominaban "salida procesional", en la del Perdón se concebía y definía expresamente como "Vía Crucis". Militar a la antigua usanza, oficial de Infantería de Marina y miembro de aquel grupo de marinos que impulsó la fundación de la hermandad, quiso que, a su fallecimiento, se le diera sepultura revestido con la túnica y la venera corporativa, a cuya causa se entregó en cuerpo y alma durante tantos años. Su última voluntad fue respetada fielmente.

Relataba don Manuel anécdotas de aquellos primeros tiempos del nacimiento de la cofradía, tales como las visitas que realizaba al taller del escultor e íntimo amigo Antonio Bey. A fin de aligerar el retraso en la entrega de la imagen del Perdón, compartían en amena conversación bienmesabe y vino de Chiclana, en pleno convencimiento de que ello daría mayor disposición a Bey para finalizar la talla. También relataba la construcción de "la casita del cura", una obra que los sábados y domingos llevaban a cabo los miembros de la Junta de Gobierno ayudados por sus hijos mayores. Debían acarrear las pesadas piedras ostioneras procedentes del antiguo embarcadero de la Casería. Así lograron levantar el humilde y recio edificio anejo a la Iglesia de la Inmaculada.

La relación de la cofradía con la Marina fue innegable en sus orígenes, siendo la mayoría de sus fundadores oficiales de la Armada y de Infantería de Marina destinados en el Tercio Sur. La intención inicial de denominarla "Cofradía de los Navegantes", las primeras reuniones celebradas en el despacho del director del Penal Naval de la Casería, las estaciones de viacrucis en la Escuela de Suboficiales y en los Pabellones de Oficiales, las saetas cantadas desde el Hospital Naval por marineros, su itinerario por la Población de San Carlos, son detalles que sin duda revelan su idiosincrasia.

El carácter de los miembros de la Junta de Gobierno se impuso desde sus inicios con una sobriedad castrense en los actos internos y externos de la cofradía. Pesaba sobre la hermandad la dificultad de separar de forma inequívoca la disciplina castrense con la reinante en una Junta de Gobierno; la disciplina, orden y comportamiento ejemplar fueron impuestos no solo a los que vestían la túnica penitencial, sino incluso a los cargadores que portaban el paso.

Bajo el mandato de don Manuel, en la salida procesional del año 1972, la cuadrilla del capataz Nicolás Carrillo sacó por última vez el Perdón. La causa la originó una incorrección o problema con los cargadores, el cual no hemos averiguado a pesar de las indagaciones llevadas a cabo. Lo que conocemos son sus consecuencias, quedando reseñado en el libro de actas de la hermandad.

En reunión de la Junta de Gobierno celebrada el 7 de abril de 1972, una vez apagados los ecos de los tambores y finalizada la Semana Santa, en el orden del día se analizaron los asuntos más destacados de la última salida procesional. El vocal de Propaganda expuso lo siguiente, según consta literalmente en el libro de actas:

"… el poco respeto y orden de los cargadores en el pasado desfile procesional, dando su voto en contra de estos para el próximo año".

Es el único documento escrito que hemos encontrado referente al comportamiento incorrecto del colectivo de los cargadores. Incluso dicha queja sobre esta actitud trascendió el ámbito interno de la propia hermandad. Fue llevada a la Junta Oficial de Cofradías (JOC), antecesora del actual Consejo de Hermandades y Cofradías, notificándose por escrito a dicho organismo *"su mal comportamiento"*, en referencia a los cargadores.

Esta circunstancia abrió un debate en el seno de la Junta y se estudiaron

distintas soluciones para evitar que se repitiera la incidencia. Incluso se llegó a tratar que se prescindiera de las cuadrillas de cargadores para portar al titular y sustituirlas por elementos mecánicos:

"A continuación se tuvo un cambio de impresiones sobre la conveniencia de dotar a la sanda de nuestro titular de ruedas"

Debemos aclarar que el término *"sanda"* que consta en el documento es una palabra surgida de la deformación fonética de "las andas", en referencia al paso donde procesiona el Cristo del Perdón. Se trata de un vocablo usado popularmente, cuya pérdida progresiva tiende a hacerlo desaparecer del léxico cofrade y ser sustituido por "paso". Las "andas" quedan relegadas a un paso de menores dimensiones que el procesional.

Dicha propuesta de dotar de ruedas a la *sanda,* fue desestimada por el sentido común de los miembros de la Junta, no llegando a producirse tal desaguisado. Poco faltó para que el Cristo del Perdón saliese con ruedas en lugar de hacer su recorrido con los andares característicos que le imprimen los cargadores.

LA GANGRENA

Un soleado domingo en fechas cercanas a la Semana Santa y entrados ya en Cuaresma, acudimos varios cargadores a un bar de la zona de la Ardila, barrio periférico y casi al final del San Fernando de aquellos tiempos. Fuimos a visitar a un compañero, cargador de los antiguos y hombre de confianza del capataz Nicolás Carrillo. Se encontraba sentado en una sillita de ruedas con las piernas tapadas por una manta con rayas de colores, y hasta allí se desplazó Nicolás Carrillo con su plana mayor: Joselito, Antonio Diana, Mariano y algunos otros cargadores que el transcurrir del tiempo ha borrado de mi memoria.

El capataz Nicolás Carrillo apreciaba a su gente y formaba con ellos una extensa familia. Intimaba con ellos en sus momentos alegres, tomándose una copa en la barra de un bar, pero también en los trances difíciles y amargos, echándoles una mano a sus hombres cuando lo necesitaban y apoyándolos en todo lo posible. En las situaciones adversas resultaba el consuelo de muchos, la mano amiga que nunca abandona.

Acompañé a Paco Carrillo, *Paquito el Moro*, hijo del capataz, y saludamos al antiguo cargador que se encontraba sentado en la sillita de ruedas, Félix Luciano, al que llamaban *Félix el de los ostiones*.

De rostro enjuto y moreno, con la cara surcada de arrugas y mirada triste, habíamos coincidido varios años antes bajo los pasos. Félix hacía la semana entera, de Domingo de Ramos a Viernes Santo: Virgen de las Lágrimas, Afligidos, Caridad; el Señor del Silencio, Virgen de los Dolores y Soledad.

Mariscador de toda la vida, había mantenido a su familia con lo que la bahía y los caños circundantes aportaban: bocas de la isla, cangrejos, camarones, coquinas y ostiones. Sobre todo, ostiones... Los mejores ostiones que se podían saborear los mariscaba él, y de ahí su apodo.

Paquito Carrillo me habló de su antigüedad bajo los pasos desde que en el año 1941 comenzara con su abuelo, el capataz Tinoco Mera, habiéndose ganado a pulso la consideración de puntal de la cuadrilla.

Se encontraba en una sillita de ruedas. Su destino, como el de otros muchos mariscadores, acababa siendo la gangrena en las piernas y la necesidad de que se las amputaran.

Con la ingenuidad de mi edad y poca experiencia en la vida, le pregunté a Paquito Carrillo que no entendía la relación entre mariscar y la gangrena. Con paciencia me contó que *tirarse al fango* descalzos, como hacían los que se dedicaban a esa faena, a veces daba sorpresas, y sufrían cortes y heridas en los pies con una roca puntiaguda, una lata oxidada o una botella rota, enterradas en el gris y pegajoso fango.

–Bueno, luego se cura uno la herida y punto –repliqué con ligereza.

–Sí, es cierto –dijo Paquito–. Pero al día siguiente, si quieres comer y que tu mujer y tus hijos tengan un plato caliente en la mesa, debes volver a "tirarte al fango", y también al siguiente día. Así un día tras otro, sin descanso, sin dar tiempo a la cicatrización de la herida. Al final, la gangrena, la puñetera gangrena, se apodera de ti, te va corroyendo poco a poco y, por último, te deja sin piernas, sin vida.

Este hecho me impactó con fuerza en ese momento, y, por otras circunstancias similares que fui conociendo con el trato a los cargadores, me hicieron comprender los motivos por los cuales esta gente, esta buena gente, se metía debajo de los pasos en Semana Santa: para huir del hambre, de la miseria, del fango, de la gangrena...

Era preferible unas cuantas horas sudando bajo los palos de madera de los pasos que no hacerlo bajo un sol de fuego, doblada la espalda y las piernas hundidas en el fango, buscando el sustento, ganándose el pan nuestro de cada día. A veces, y por sorpresa, cuando menos te lo esperabas, a orillas del caño o en la vuelta de afuera de la salina, con la marea de la mañana te salía al encuentro la gangrena. Como a *Félix el de los ostiones*, la puñetera gangrena.

LUNES SANTO, DÍA MUY SOBRECARGADO DE PROCESIONES

El Ayuntamiento de San Fernando, en su afán de organizar y realzar los días de Semana Santa, como ha quedado patente en algunos capítulos anteriores, en el año de 1968 no solo intentó alargar el itinerario de la Hermandad del Perdón, sino que incluso pretendió de manera unilateral modificar el día de salida de otra cofradía.

Para ello dirigió su pretensión a la Junta de Gobierno Nuestro de la Misericordia, interesándole que, con la finalidad de lograr una mejor distribución de los desfiles procesionales a lo largo de toda la semana, cambiara su salida del Lunes Santo y la trasladara al Miércoles Santo. El Ayuntamiento alegó que en años anteriores ya había procesionado en dicho día.

Las cofradías que por entonces realizaban su salida procesional en la tarde del Lunes Santo eran las de Afligidos, Ecce-Homo y la citada de la Misericordia. La primera de ellas tenía su sede canónica en la Capilla del Santo Cristo de la Vera-Cruz y las dos restantes en la Parroquia de la Pastora.

Estas tres populares hermandades darían lugar al denominado "Lunes de Oro" a partir del año 1971, cuando el Ecce-Homo procesionó por primera vez con un paso dorado. Con ella sería la tercera de estas características en la Semana Santa Isleña, junto a los también dorados de los Afligidos y Misericordia. Eso motivó que los medios cofrades y la prensa comenzaran a denominar el día como "Lunes de Oro". Tal denominación poética tuvo una corta vigencia de siete años, perdiéndose como consecuencia del cambio de día de la Misericordia al pasar al Jueves Santo en el año 1978.

Volviendo al año 1968, debemos recordar que el Miércoles Santo, al igual que venía ocurriendo desde tiempo atrás, únicamente efectuaba su Estación de Penitencia la Hermandad de la Vera-Cruz. Por tanto, se trataba de un día corto en procesiones, acostumbrados como estaban los cofrades de ver discurrir dos o tres hermandades en los restantes días.

Una vez contemplado el procesionar del único misterio de la clásica hermandad, el espectador no tenía ninguna procesión más que ver.

Según entendía la Alcaldía, a propuesta de la Comisión Informativa

de Fiestas y Turismo, cambiando de día de salida a la Misericordia, se conseguirá aliviar el Lunes Santo, a su parecer un día muy sobrecargado de procesiones, y conseguir un reparto más proporcional y equitativo de las mismas.

Incluso el Ayuntamiento fijó de manera taxativa la hora de paso de la hermandad por la Carrera Oficial, indicándole expresamente que debía efectuarla a las 22:00 horas. Al mismo tiempo, le ofrecía la posibilidad de respetar o modificar el itinerario del año anterior, aunque en ningún caso podía alterarse la hora asignada para dicho paso, considerada inamovible. Ello se debía a que la Hermandad de la Vera-Cruz tenía establecido su tránsito por la Carrera Oficial a las 21:15 horas, y, dada su antigüedad, no debía verse interferido su recorrido bajo ningún concepto.

¿Y por qué de entre las tres hermandades candidatas a ser elegidas por la Alcaldía se fijan en la Misericordia? El criterio se basa en ser la más moderna de las tres, añadiendo que dicha medida solo pretende la loable finalidad de lograr una mayor brillantez de la Semana Santa Isleña.

José Carlos Fernández Moreno siempre ha estado íntimamente ligado a la Hermandad de la Misericordia, y desde que ingresara como hermano de filas en el año 1965, ha venido desempeñando en su seno distintos cargos: Presidente de la Junta Auxiliar, secretario y, finalmente, hermano mayor. Esto unido a su inquietud por la literatura, tanto cofrade como profana, ha hecho de él uno de los pregoneros más completos de nuestra Semana Santa, además de un buen conocedor del entramado de la sociedad y costumbres isleñas, como lo demuestran sus numerosos e interesantes libros publicados.

Pues bien, José Carlos figuraba en ese año de 1968 como miembro de la Junta de Gobierno, desempeñando el cargo de secretario. Como tal, responde en un escrito al alcalde, comunicándole que no hay posibilidad de efectuar el referido cambio de día, alegando para ello un abanico de razones. Tres en concreto, con el objetivo de desmontar los argumentos de los munícipes y evitar tal modificación.

La primera cuestión alegada por José Carlos tiene un claro origen histórico, al precisar que no es cierto que la Hermandad de la Misericordia realizara su salida procesional en años anteriores en la jornada del Miércoles Santo, sino que tan solo lo hizo en esa fecha concreta del año 1958, coincidiendo además con su primera salida procesional.

La segunda razón esgrimida se basaba en el aspecto económico, pues ya se encontraban formalizados los contratos de las bandas, cargadores y demás menesteres necesarios para la salida del Lunes Santo. Por tanto, sería una gran complicación el intento de anular los contratos firmados, además de la dificultad añadida de encontrar bandas de música y cargadores para otro día distinto de la semana. Razón certera, aunque con carácter temporal para la Semana Santa presente. La hermandad debería protegerse contra esta injerencia en el futuro, pues podría salvar el escollo del cambio tan solo momentáneamente.

La tercera razón debería ampararse en un fundamento intemporal y contundente. José Carlos y la hermandad encontraron el argumento en el clero. Añadía que, por la experiencia de la salida procesional realizada en 1958, y por decisión expresa del párroco y director espiritual de la hermandad, padre José María Arenas Gil, se cambió del Miércoles Santo al Lunes Santo. ¿La causa? El elevado número de cofradías radicadas en la Pastora, para las reducidísimas dimensiones de la misma. El templo debería encontrarse el Jueves Santo desalojado de pasos y en perfectas condiciones para la celebración de los Santos Oficios.

Estas tres razones de calado bastaron para frustrar el intento de la Alcaldía de cambiar el día de salida de la Misericordia al Miércoles Santo.

EL CAMINO DE LA CRUZ Y EL ALZACABLES

En un derroche de generosidad, existen personas que, sin vestir la túnica de su cofradía, la apoyan no solo moral y afectivamente, sino también materialmente durante el recorrido procesional. Son los denominados *colaboradores* que cumplen unas misiones de carácter altruista y pasan desapercibidos del público.

Las cofradías no dejan nada al azar, sino por el contrario, todo ha sido estudiado, analizado y previsto de antemano sobre la base de años de experiencia y de corregir los errores de salidas anteriores. No se deja nada a la suerte. En un detallado itinerario se coordina la hora exacta en que la Cruz de Guía alcanza cada calle; la banda de música tiene definido el repertorio de marchas a interpretar en cada punto del recorrido; los lugares de relevos de la cuadrilla para descansar. Lo único que se escapa son las condiciones atmosféricas, y el viento y la lluvia son las más caprichosas e inesperadas, aunque esta resulta más dañina por su efecto sobre imágenes, pasos, bordados…, originando a veces más de un disgusto. Cuidado especial observan las cofradías con penitentes de corta edad, a los que un inesperado chaparrón puede hacer desperdigarse a los más pequeños en busca del refugio más próximo.

Estos *colaboradores* de traje de chaqueta son los encargados de coordinar a la banda de música, relevos de la cuadrilla, saeteros, protocolo, movimiento de la Cruz de Guía, retrasos en itinerarios… Personas que auxilian puntualmente en los mínimos detalles de la puesta en escena de la cofradía en la calle, realizando una labor necesaria a fin de que todo se desarrolle en completa armonía y normalidad.

Un segundo grupo de personas más visibles también ayuda al desarrollo del desfile procesional. Se delatan porque llevan en la mano algún objeto llamativo que los descubre: portadores de escalera para encender las velas; aguadores con el botijo o cántaro para la cuadrilla; conductores de carritos con velas y repuestos varios; y los alzacables, entre otros.

El alzacables acompaña a cofradías que encuentran dificultades con los cables de algunas calles de los cascos antiguos, dada la altura de sus pasos, especialmente crucificados y misterios con la cruz en posición alta.

Por fortuna, cada vez existen menos cables en los callejeros de las ciudades que puedan ocasionar problemas. Las cofradías, en colaboración con los ayuntamientos, se han preocupado de que las empresas de electricidad, telefonía y televisión por cable, los eleven a una altura suficiente para que no molesten en el itinerario. Y cuando no es así, el incidente se soluciona con la ayuda del vecino que desde el balcón eleva el cable. Otras veces, la cuadrilla agacha los cuerpos para salir del obstáculo.

El alzacables sujeta en la mano una larga pértiga finalizada en una horquilla para enganchar el cable que ofrece problema al capataz y lo eleva unos centímetros, los suficientes para permitir que pase la cruz o la imagen por ese punto.

En el largo recorrido de la Hermandad del Perdón, resulta imprescindible la asistencia del alzacables. El capataz se ve obligado a solicitar su ayuda por la altura que alcanza el crucificado del escultor Antonio Bey. Durante muchos años realizó estas funciones la misma persona, que, un Jueves Santo tras otro, acudía a cumplir con su menester. En el año 1996 comunicó a la cofradía que deseaba retirarse, lo que motivó que se buscara un sustituto.

Aquel sustituto no debió enterarse de la hora de la salida de la procesión y apareció dos horas antes de lo previsto en el templo de la Casería. Como no tenía nada que hacer, entró en el vetusto bar del Juaqui a esperar el momento de la apertura de las puertas del templo, habiéndose tomado varios vinos cuando llegó el momento de la salida.

El capataz del paso, al requerir los servicios del alzacables, notó que los levantaba colocando la pértiga por delante de la cruz, con lo cual, aunque levantaba el cable, no se podía avanzar. La cruz tropezaba con la propia pértiga, achacando el capataz estos fallos iniciales a la inexperiencia del alzacables. Así ocurrió en dos o tres ocasiones mientras el paso avanzaba por el Camino de la Cruz, nombre más que apropiado para el itinerario de una cofradía.

En la siguiente ocasión y con el esfuerzo de levantar un grueso cable por la banda derecha, se le resbaló la pértiga, dándole un golpetazo en la mano al crucificado. El certero golpe fue suficiente para a la bendita imagen romperle un dedo, el cual realizó en el aire una parábola ante la cara de asombro y desconcierto del capataz, yendo a caer a sus pies.

El capataz optó por recoger el dedo fracturado del suelo y de momento guardárselo con precaución y respeto en el bolsillo de la chaqueta. Levantó el paso como si no hubiera ocurrido nada y continuó la procesión su andar. A los pocos minutos y con discreción, el capataz entregó el dedo al jefe de procesión.

La cofradía comprendió el estado del alzacables, un tanto perjudicado, y logró incorporar al cortejo a la persona que había venido realizando la labor en años anteriores. A partir de ese momento, todo transcurrió con normalidad.

El Jueves Santo de 1996, el Cristo de Perdón procesionó con la falta de un dedo de su mano derecha, pequeño detalle no apreciado por la mayoría de los que vieron el discurrir de la cofradía.

Con anterioridad ya había sucedido un hecho similar al relatado, por lo que no fue esa tarde la primera vez que se fracturaba un dedo la misma imagen. De las circunstancias tenemos conocimiento, casi de refilón, por un escrito remitido por la hermandad al alcalde de la ciudad, solicitando la poda de los árboles en su recorrido procesional, argumentando su petición en un incidente acaecido en la Semana Santa de 1967:

> *Teniendo prevista esta Cofradía su salida en Vía-Crucis de Penitencia el próximo Jueves Santo, y estando fijado su recorrido por el Paseo General Lobo y Camino de la Cruz, rogamos a V. S. que a ser posible se podasen los árboles existentes en dichas calles, principalmente los situados a la entrada del Paseo General Lobo por la Estación, y los situados frente al nº 99 del Camino de la Cruz.*

La lejana escena podemos recrearla gracias al inestimable recuerdo proporcionado por una fotografía de Quijano. En el Camino de la Cruz, ya de regreso a su templo, que más que camino es cañada o trocha, el capataz con sus órdenes y maniobras intenta evitar los frondosos y altos eucaliptos cuyas ramas se ciernen sobre el paso. La única y tenue iluminación del momento la ofrece la redonda luna llena, rompiendo la oscura negritud de la noche con la ayuda de los cuatro faroles esquineros del paso. Los que contemplan la escena miran hacia arriba; todos quieren ayudar de alguna manera en el complicado trance, aunque solo sea con la mirada. Esas miradas se elevan a la figura del Cristo del Perdón

y a las molestas ramas del crecido eucalipto que impiden al capataz avanzar sobre el terrizo suelo. Miradas atentas del aguador, del sargento de los Municipales, del oficial de Infantería de Marina en representación de la Armada, de la anciana vestida de riguroso negro rezando por una promesa, de la madre con un niño en su regazo, del preocupado mayordomo… todos observan la complicada maniobra del capataz mientras intenta esquivar el obstáculo mediante escuetas órdenes.

Y el alzacables en primer plano lucha infructuosamente con sus recios brazos contra tanto árbol, contra tanta rama colgante, contra tanta oscuridad…, y con la única ayuda de sus músculos, de su pericia y de una larga y delgada vara. Combate imposible y desigual.

Dichos árboles presentan un obstáculo para el paso de nuestra Imagen, obstáculo este que motivó en el último recorrido Procesional, la rotura de un dedo de la Imagen de Nuestro Titular.

Esta vez el alzacables, imprescindible ayudante del capataz, fue derrotado y no pudo conseguir su objetivo. No logró apartar las verdes ramas que dañaron al Cristo del Perdón en su mano… y el dedo se rompió y cayó al suelo.

Dos alzacables y un mismo final. Nos queda el interrogante de si el fracturado en 1967 por las ramas de los eucaliptos en el Camino de la Cruz sería el mismo dedo que, aproximadamente tres décadas más tarde y en el mismo lugar, volvería a romperse.

LA TREPÁ, TÉRMINO SALINERO

La Isla vivió siempre de cara al mar y de las actividades relacionadas con él, destacando especialmente la pesca, la construcción naval, y la Marina de Guerra con el consiguiente funcionariado necesario para dar vida a todas las dependencias y actividades de la Armada. A estas fuentes de ingreso se sumaba otra faceta nada desdeñable dada su elevadísima importancia en la economía de la ciudad de tiempos pretéritos, tal como fue la extracción de sal. Y aunque esta última actividad continúa desarrollándose en la actualidad, podemos afirmar que de una forma minoritaria, casi testimonial y con una subsistencia económica costosa de mantener.

El triángulo formado por el sol, el viento de levante y las marismas se encuentra en el origen de la sal, fuente inagotable de riqueza para esta tierra durante siglos. Sin embargo, dicha actividad fue desapareciendo del panorama isleño como consecuencia de la evolución y mejora de las técnicas de conservación de los alimentos. La sal dejó de ser imprescindible para preservar los productos perecederos, pues la irrupción del hielo, de las cámaras frigoríficas y de nuevos métodos de conservación, junto a otros factores, propició su paulatino declive.

Trabajando de sol a sol, los salineros constituían una mano de obra temporera desde mayo a septiembre, periodo en que arrancaban al mar la blanca sal, a costa de unos cortos jornales para tan dura faena. Hombres que el resto del año, una vez pasada la temporada salinera, buscaban su subsistencia diaria en otros sectores, siendo una de esas fuentes el portar los pasos procesionales.

En el gremio de los salineros, las tareas se asignaban buscando la especialización y el reparto del trabajo, existiendo un grupo denominado de *gente de las cargadas* o *gente de las cargás*. Obreros que cargaban de sal los *candrays* en los embarcaderos de las salinas.

Los *candrays* son unas embarcaciones panzudas de dos proas, hoy prácticamente desaparecidas, y empleadas para la navegación interna de caños y esteros que se utilizaban como vías de comunicación. Transportaban la sal desde los embarcaderos de las salinas a los grandes barcos de carga fondeados en la Bahía de Cádiz para posteriormente dirigirse a distintos puertos.

La Semana Santa representaba una oportunidad para que los salineros sanearan su economía familiar, trayéndose al mismo tiempo su habla característica a los pasos. El lenguaje de las salinas introdujo palabras propias en el oficio de portar los pasos y que forman parte del léxico de los cargadores, destacando dos palabras como son: *trepá* y *cambiar los cuerpos.*

La *trepá* es la distancia recorrida por la cuadrilla desde la levantá del paso hasta que se detiene. Equivalente en el léxico de los costaleros a una *chicotá,* o para los cargadores gaditanos en una *tirá o tiraita.*

El interés del término radica en su origen. Procede de una maniobra realizada por los salineros, y para más detalle me permito reproducir el artículo publicado en el año 2003 por José Manuel Traverso, cofrade de los Afligidos y experto en el mundo de las salinas:

Al parecer la palabra "trepá", según me contaba hace unos días Juan A. Rodríguez Pavón, salinero de toda la vida, la empleaban cuando se cargaban los candrays de sal, y para ello se empleaban las parihuelas que portaban entre dos compañeros. Las parejas las formaba el capataz, que era quien elegía a los hombres para las diferentes faenas de la salina.

Un candray se cargaba de la siguiente forma: al amanecer y con la marea baja, entre todos ponían desde la vuelta afuera hasta el candray una tabla larga y estrecha a la que llamaban "la plancha" y otra más corta pero de ancho similar sobre la bodega, por encima de las cuales caminarían durante la carga.

Los compañeros cargaban con las palas de madera la parihuela en el salero y una vez llena la levantaban y se dirigían hacia la plancha.

Cuando llegaban allí cambiaban el paso y entraban en la plancha con el paso cambiado. Lo hacían así para que la plancha no botara.

Acto seguido descargaban con un limpio volteo de la parihuela, "cambiaban los cuerpos" durante el volteo y hacia el salero para repetir el proceso de nuevo, ese día no se comía a las doce que era cuando la capataza servía el almuerzo, ese día lo hacían cuando se terminaba la faena.

La faena se hacía normalmente descalzo y para no resbalar se extendía sobre la plancha una capa de sal fina que hacía las veces de antideslizante.

Con la marea baja había una cierta inclinación de la plancha hacia el candray. A medida que la marea subía esta inclinación desaparecía hasta convertirse en pendiente hacia el candray. Esta posición nos indicaba que había que darse prisa para terminar la carga. Era entonces cuando se empleaba la expresión "vámonos con otra trepaíta que nos coge la marea".

Para los salineros, subir aquella pendiente de la tabla representaba trepar, y cada vez que lo hacían constituía una trepada, término que quedó en el más corto de *trepá*.

Uno de los términos más genuinos, autóctono y no empleado en ningún otro lugar, subrayando la estrecha relación existente entre los salineros y los cargadores.

Llama la atención otra frase que recoge el texto anterior de José Manuel Traverso, la relativa a *cambiar los cuerpos*. Una vez que los salineros habían volcado la parihuela en el candray, los salineros se giraban, colocándose en dirección contraria y comenzaban a descender por la tabla para regresar al montón de sal.

Maniobra salinera similar a la realizada en la recogida del paso. Una vez que la imagen se encuentra de cara al pueblo, se hace fondo y el capataz ordena *cambiar los cuerpos*, dándose la vuelta los hombres y poniéndose mirando a la cola del paso, en sentido contrario a como habían trabajado en el recorrido. De esa forma avanzan hacia el interior de la iglesia, mientras las imágenes siguen dando la cara al pueblo.

Las maniobras de las cuadrillas son similares en muchos lugares de Andalucía, aunque a veces la diferencia radica en la terminología. Lo que aquí es *cambiar los cuerpos,* en Cádiz lo denominan *darse la vuelta* y los costaleros, como *volverse*.

UN EXTRAÑO POSTRE CUARESMAL

Inexorablemente, el tiempo corre y cada vez están más lejanos en la memoria aquellos relatos que alguna vez oímos a familiares o amigos. Recuerdos de años vividos con amargura por personas que tuvieron el infortunio de vivir en los llamados "años del hambre". Época de miseria y padecimiento para el pueblo español como consecuencia de la posguerra de una España desolada. En la hambruna reinante en el país, fueron las clases trabajadoras, las de menor poder adquisitivo, las que padecieron con furia sus terribles efectos.

La posguerra provocó una escasez de determinados alimentos y, para cubrir las necesidades básicas de la población, se puso en práctica lo conocido como "racionamiento". Una acción gubernamental dirigida al control de la distribución de mercancías, especialmente alimentos. Consistía en asignar a cada consumidor una ración de los artículos más escasos. Se introdujo durante el desarrollo de la guerra del 36 en un intento de paliar la falta de productos de primera necesidad ocasionada por el conflicto. Una vez finalizado, se alargó en el tiempo hasta el 31 de marzo de 1952, año en que fue levantado para los víveres.

Las cofradías, como integrantes de la Iglesia y en una meritoria labor asistencial, aportaron su esfuerzo para paliar en la medida de lo posible el hambre existente en sus parroquias, especialmente entre las familias más necesitadas. Resulta especialmente significativo que, en junio de 1953, uno de los primeros actos desarrollados por la recién creada Hermandad del Perdón fuera la organización de una comida destinada a sesenta personas pobres del barrio.

En la misma dinámica deben enmarcarse las comidas con que las cofradías obsequiaban antes de la salida procesional a los cargadores que portarían el paso de los titulares. Unos hombres procedentes de las clases más humildes de la sociedad isleña de aquellos tiempos.

Unas comidas con problemas por la falta de materia prima para elaborar los menús. Para obtener los alimentos, debía poseerse cartillas de racionamiento o bien vales para productos como pan, lentejas, aceite, azúcar… Redundando en esta dificultad, nos da cuenta el escrito de la Hermandad de la Vera-Cruz, fechado el 21 de Febrero de 1948 y firmado por su hermano mayor Diego Gómez Ruiz, solicitando la colaboración del Ayuntamiento para obtener los citados vales:

Con objeto de ayudar a los gastos de exponer a la veneración pública Nuestros Titulares, en la tarde del Próximo Miércoles Santo (24 de Marzo), tengo el honor de solicitar del Excmo. e Iltmo Ayuntamiento de su digna Presidencia la acostumbrada subvención y un auxilio de vales de suministro para la comida de los cargadores.

La contestación del alcalde tres días después de la petición de la Vera-Cruz es bastante clarificadora sobre las dificultades que encontraban incluso los dirigentes municipales para solucionar el problema de falta de alimentos:

En relación con la subvención, tengo el gusto de participarle que este Excmo. Ayuntamiento lleva en estudio la concesión de la misma, pendiente del cumplimiento de datos que separado se le interesan, y sobre el auxilio de vales de suministros para los cargadores, esta Alcaldía le hace constar, las múltiples dificultades que atravesamos en el racionamiento, si bien lo interesará de los organismos competentes en este sentido, para ver la posibilidad de poder otorgar tal petición.

Las comidas ofrecidas por las cofradías a las cuadrillas, más que una comida de disfrute, podemos considerarla como necesaria para adquirir energías. Probablemente los cofrades dudaban de la capacidad de esos hombres humildes, que con el hambre imperante y el estómago vacío fueran capaces de realizar el esfuerzo de portar los pasos. La comida consistía en un potaje, pescado, fruta y tabaco. Una vez finalizada y con la digestión a medio hacer, debían llevar el paso con el beneplácito del capataz y la plena satisfacción de la cofradía.

La comida que tenía un origen festivo para los cargadores era la celebrada el Domingo de Resurrección. Nos referimos a los años de la fundación de la Cofradía de Cargadores de Nuestro Padre Jesús Resucitado, año 1947 y sucesivos. Una vez recogida la procesión que ponía fin a la Semana Santa, se reunían los cargadores con el capataz Tinoco Mera a la cabeza. Lo celebraban detrás de la Iglesia Mayor, en la llamada "Casa del Cura" o Casa Parroquial, donde comían todos

unidos: clero, capataces, dirigentes cofrades, cargadores, miembros benefactores y colaboradores de la cofradía.

Debajo de los pasos también es necesario reponer fuerzas. Recordemos que los relevos en las cuadrillas son recientes, y algunos cargadores llevan un bocadillo.

Una noche de Lunes Santo, cerca de la recogida y rozando casi la plaza de la Pastora, paró el paso del Ecce-Homo en la puerta de la casa de un componente de la cuadrilla, Salvador Grandal, y que hoy desgraciadamente no está con nosotros.

Salvador tenía la costumbre de agasajar a los cargadores, y en la calle Marconi introducía bajo el paso alguna vianda para que los cargadores repusieran fuerzas para recoger la procesión. Ese año la mujer de Salvador, Arantxa, había preparado leche frita, un postre dulce elaborado con harina, yemas de huevos, canela, limón, azúcar y leche. Una vez cuajado, se corta en trozos, friéndolos y rebozándolos en azúcar y canela molida. Un típico postre cuaresmal.

Salvador introdujo una bandeja de leche frita por la cabeza del paso. Pepe *el Capi,* que iba en la pata izquierda, tomó un trozo y pasó la bandeja para atrás hasta llegar al final del paso. En el último palo trabajaba Mariano Rivero, conocida voz de cola, que en medio de la semioscuridad metió la mano en la bandeja y cogió un trozo del azucarado dulce. Debió notar un sabor extraño en el paladar y, cuando *el Capi* avisó para la levantá con los dos toques de llamador, Mariano le espetó a viva voz:

–¡Pepe, qué raro sabe este bienmesabe!, ¡pero qué buenísimo que está!

Mariano confundió en la oscuridad la lecha frita con una tajada de bienmesabe, cazón en adobo frito. La levantá del Cristo del Ecce-Homo se pospuso varios minutos por las risas de la cuadrilla. ¡Vaya extraño postre cuaresmal!

EL MANQUITO DE LA BASURA

Su rostro delgado, los pómulos salientes y las largas patillas, unidos a su elevada estatura, le conferían cierto aire de antiguo *gastador*legionario, de aquellos tiempos de la fundación africana de Millán Astray. Debido a la ausencia de algunos dedos en la mano izquierda lo apodaban *el Manquito*, diminutivo que en modo alguno pretendía ser ofensivo, sino meramente descriptivo, como ocurre con la mayoría de los apodos propios de estas tierras.

El Manquito resultaba persona conocida por la mayoría de los habitantes de San Fernando, especialmente por los que debían cumplir con la diaria obligación de sacar la basura de las viviendas en aquellos metálicos y grises cubos de zinc, tarea encomendada por regla general a las mujeres. Ejercía como basurero de la limpieza municipal, recorriendo diariamente las calles. De aquí el origen del apodo completo con que se le conocía: *el Manquito de la basura.*

Nos referimos a unos tiempos en que la recogida de la basura se efectuaba por medio de un carro tirado por un mulo que recorría las calles, dejando a su paso el hedor de los desperdicios en descomposición. Y en el apestoso carro se volcaban a mano los cubos de zinc forrados en su interior por una hoja del Diario de Cádiz, pues quizás debamos recordar la inexistencia de las bolsas de plástico.

Los operarios del servicio de basuras cobraban unos sueldos bajos, y para alimentar a su familia compuesta por su mujer y cuatro hijas, debía *el Manquito* buscarse otra faena que completara su corto devengo. La ayuda la encontró sacando pasos de Semana Santa, formando parte de la cuadrilla de *Tinoco Mera* desde el año 1952, para continuar con el capataz Nicolás Carrillo. Por su alta estatura, trabajaba en el primer palo como patero derecho de cristos y misterios.

Un alivio económico lo representaban las entregas de víveres, que determinadas cofradías y Cáritas repartían a estas personas necesitadas, como en el caso de Juan Delgado Moreno, *el Manquito de la basura.*

Vivía en una escueta vivienda formada por las habitaciones altas de un patio de vecinos en la calle Churruca del barrio del Cristo, y por allí acudían mensualmente unas señoras de Cáritas encargadas del reparto

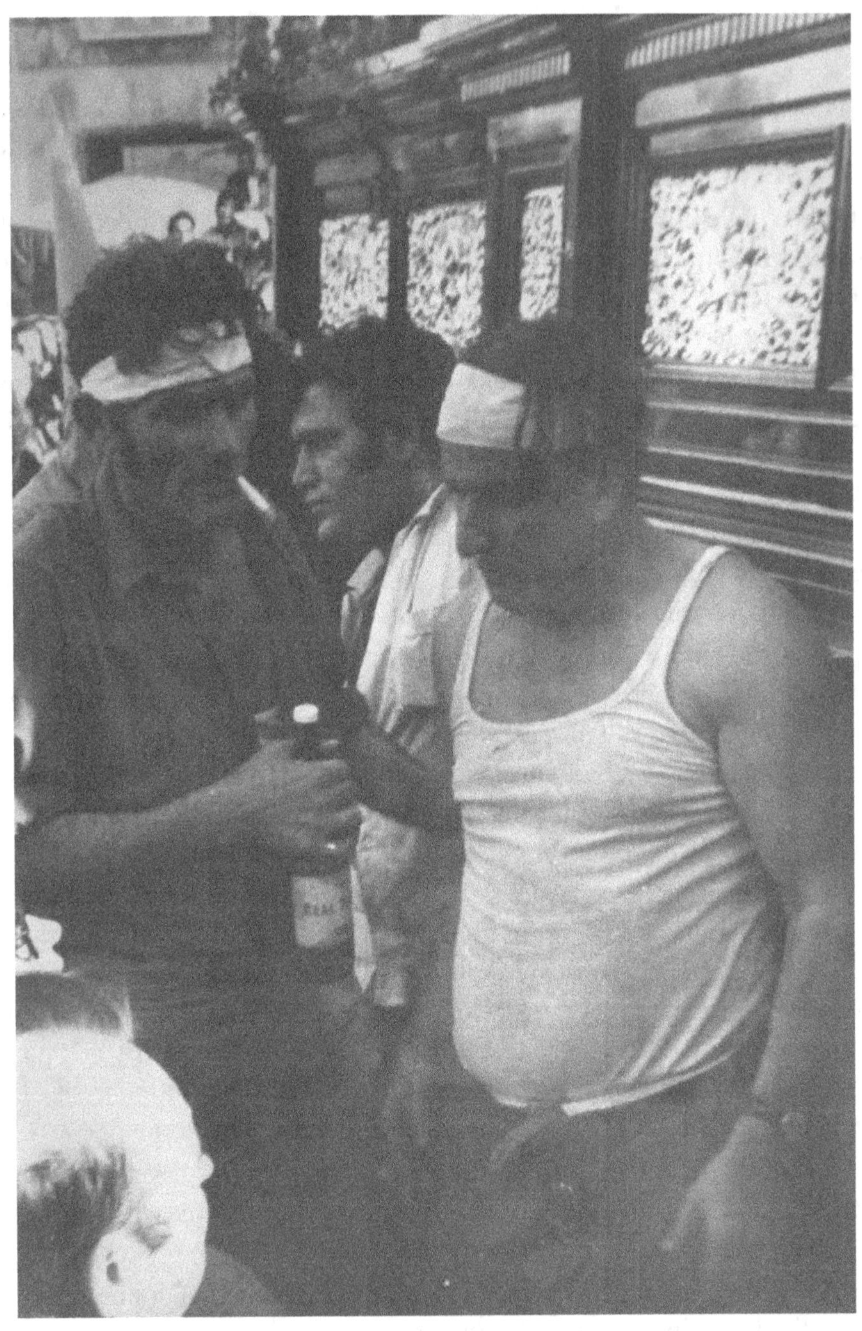

de los lotes de garbanzos, lentejas, harina, azúcar, aceite y algunos productos de primera necesidad.

Una Semana Santa, después de haber estado portando los pasos y aún con el cansancio en el cuerpo, se apresuró a cobrar los jornales tan justamente ganados. El Domingo de Resurrección, *el Manquito* vistió su mejor camisa, se afeitó y se encaminó presto al bar *Manolo* en la calle La Herrán, donde tradicionalmente el capataz reunía a la cuadrilla para pagar los jornales devengados. Allí se encontraba Nicolás Carrillo sentado en una mesa con las listas de sus hombres y los pasos que habían sacado. Cuando apareció *el Manquito,* el capataz ajustó la cantidad, entregándole el dinero correspondiente. No representaba mucho, aunque suficiente para un caprichito a la familia. Así que se tomó un par de vasos de vino, convidó al capataz y se marchó sonriente a su casa.

Con el dinero obtenido compró a su mujer una lavadora en un comercio de la calle Ancha. Una de turbina en el fondo y goma de desagüe gris.

Varios días después aparecieron por su vivienda las señoras de Cáritas en su visita mensual y observaron con extrañeza y perplejidad el nuevo electrodoméstico. Preguntaron las de Cáritas la procedencia de tal aparato y *el Manquito* les informó que había sido adquirido con el dinero de la faena como cargador de pasos.

Las señoras lo consideraron un bien no necesario, catalogándolo como objeto de lujo. Debido al supuesto e inesperado aumento de "calidad de vida" de la familia, decidieron no entregar más alimentos, a pesar de las súplicas y explicaciones dadas. Se hizo necesaria la intervención de Luis Jiménez, hermano mayor de la Vera-Cruz y vecino de los afectados, a fin de que Cáritas reconsiderase el caso y continuara entregando aquellos víveres a la humilde familia.

El Manquito de la basura, después del incidente de la lavadora, pensó que mejor sería colgar la almohada y decirle al capataz que no contara más con él. Saldría con su mujer a ver las procesiones desde la acera y se evitaría la paliza de la carga y los problemas acarreados por la compra del dichoso electrodoméstico.

LOS ALFAJORES DE MEDINA

Un grupo de cargadores de la cuadrilla de Nicolás Carrillo estuvo a punto de acudir a Medina Sidonia para sacar una cofradía de este pueblo de la provincia de Cádiz que aún conserva en sus calles el sabor antiguo y medieval de una villa que alcanzó su mayor esplendor en la época árabe.

Nos encontrábamos en Miércoles Santo y la cuadrilla de Carrillo descansaba. Dos cofradías salían en los años 1980, la Vera-Cruz portada por el capataz Pedro Sánchez y la de Mater Amabilis (Servitas) con su propia cuadrilla de hermanos.

Al encontrarse los cargadores de Carrillo sin faena, les surgió la oportunidad de dirigirse a Medina a matar el gusanillo. Al cargador de la cuadrilla Antonio Ramírez *Lapidario,* natural de Medina, una hermandad le solicitó que les sacara el paso. Contactó con varios cargadores de la cuadrilla de Carrillo que se prestaron a tal aventura. Por la tarde del Miércoles Santo se concentraron en el bar *Manolo* de la calle La Herrán, en espera de un autobús fletado por la cofradía asidonense que los llevaría al citado pueblo.

En la espera, el *Lapidario,* con la ayuda de *Papardi,* otro cargador de la cuadrilla, les fue preparando emocionalmente al grupo, dejándole caer que la cofradía pecaba de pobreza, que estaba sin tesorería y no les podrían pagar los jornales. Que no cobrarían, aunque a cada cargador lo recompensarían con productos típicos de la tierra.

A las preguntas de uno de los hombres que no veía claro el asunto y solicitaba más detalles, *Papardi* le contestó que los obsequiarían con una rica telera de pan moreno, un conejo de campo y completaba el lote una caja de los afamados alfajores de Medina, sin contestar a ciencia cierta si habían salido del obrador de las "sobrinas de las Trejas" o del convento de las monjas Clarisas.

Después de una larga espera, telefoneó *el Lapidario* a la hermandad, informándosele de que no habría tal autobús, pues habían conseguido en el último momento a cargadores del propio pueblo para portar el paso.

Hubiera sido la primera vez que a la cuadrilla le hubiera pagado no en metálico como habitualmente, sino sustituyéndolo por un pago en especies. El desengaño los dejó con la miel en los labios al imaginarse

al mayordomo de la cofradía repartiendo el pan moreno, el conejo y las cajas de los tan afamados y apetitosos alfajores de Medina. Una lástima.

REFERENCIAS FOTOGRÁFICAS

1. Cristo de la Expiración. Autor: Juan José Romero Ruiz

2. El Cristo del Perdón por el Camino de la Cruz. Autor: Mariano Domínguez Morillo

3. José González, *el Mellao,* capataz de la Virgen del Carmen en la Procesión del Corpus. Cedida: José González García

4. José González, *el Mellao* y Alberto Salas, *el Zaragoza*, bajo el paso nuevo del Cristo de Afligidos. Cedida: José González García

5. Cristo de Medinaceli. Autor: Juan José Romero Ruiz

6. Afligidos por Capitanía. Autor: Juan José Romero Ruiz

7. Amarre de una almohada. Autor: Alberto Salas Sánchez

8. Urna del Santo Entierro. Autor: Juan José Romero Ruiz

9. Palio de la Virgen de la Esperanza. Autor: Juan José Romero Ruiz

10. Manuel Ramírez Foncubierta *Bigote*, capataz del Cristo del Resucitado. Autor: Juan José Romero Ruiz

11. Salida de la Virgen de la Soledad de la iglesia Mayor. Autor: Mariano Domínguez Morillo

12. Jefe de Procesión de la Soledad saluda en la Tribuna de la C. O. a doña Casilda Ampueros, viuda del Gral. Varela. Cedida: Francisco Ghersi García

13. Manto de la Virgen de la Esperanza. Autor: Mariano Domínguez Morillo

14. Rostro del Cristo de la Expiración. Cedida: Archivo de la Hermandad de la Expiración.

15. Guzmán Bejarano acompañado por su hijo en su taller sevillano. Cedida: Alfonso Barraquero

16. El Cristo del Nazareno va de recogida por Capitanía. Autor: Mariano Domínguez Morillo

17. Guzmán Bejarano acompañado por el escultor Ortega Brú. Cedida: Alfonso Barraquero

18. Primera *levantá* del paso del Perdón efectuada por don Manuel de Pando. Cedida: Alberto Salas Sánchez

19. Cristo de la Misericordia por la plaza de la Pastora. Autor: Juan José

Romero Ruiz

20. Alzacables facilitando el itinerario del Cristo de la Vera-Cruz. Autor: Alberto Salas Sánchez

21. Fotografía publicada en el libro "La Ciudad de San Fernando. Historia y Espíritu", de Salvador Clavijo y Clavijo.

22. Cristo del Ecce-Homo. Autor: Juan José Romero Ruiz

23. *El Manquito de la basura, el Pirri* y *Joselito de la Custodia* en un descanso. Cedida: Mariano Domínguez Morillo

24. Cuadrilla de cargadores tradicionales delante del Paso del Nazareno en su recogida. Cedida: Alberto Salas Sánchez